Elizabeth Rice Handford
Die Sprache deiner Kleider

Die Sprache deiner Kleider

Elizabeth Rice Handford

CMV

Originaltitel: *Your Clothes Say It for You, Elizabeth Rice Handford.*
Übersetzt und veröffentlicht mit freundlicher Genehmigung der Autorin.

ISBN: 978-3-932308-88-8
CMV-Bestellnummer: 30888

Autor: Elizabeth Rice Handford

5. Auflage 2020
Gesamtgestaltung und Übersetzung: CMV e.V.
Printed in EU

Inhaltsverzeichnis

Vorwort *(des Herausgebers)*........................7

Bevor du weiterblätterst........................9

Kapitel 1
Kümmert sich Gott überhaupt um deine Kleidung?........................11

Kapitel 2
Wo gehörst du hin?........................14

Kapitel 3
Gott möchte, dass du schön bist........................17

Kapitel 4
Gott möchte, dass du dich bescheiden kleidest...23

Kapitel 5
Gott möchte deine Bedürfnisse im Blick auf Kleidung stillen........................31

Kapitel 6
Gott möchte, dass du wie eine Frau aussiehst.....36

Kapitel 7
Was lehrt 5. Mose 22,5 über Männer- und Frauenkleidung?........................46

Kapitel 8
Was lehrt 1. Korinther 11 über die Haarlänge?....59

Kapitel 9
Worin eine Frau Männer nicht verstehen kann....65

Kapitel 10
Worin eine Frau Weiblichkeit nicht verstehen kann 77

Kapitel 11
Was sieht Gott, wenn er dich anschaut?..........88

Kapitel 12
Was macht dich wirklich schön?..................93

Nachwort
Was Gott mehr als alles andere möchte..........97

Vorwort

Kann ein 30 Jahre altes Buch über Kleidung heute aktuell sein? – Angesichts der ständig wechselnden Mode ist diese Frage durchaus berechtigt. Was veranlasst einen Verlag, dieses Buch aus dem letzten Jahrtausend zu übersetzen und aufzulegen?

Nun, wer weiterliest, wird bald entdecken, dass dieses Buch bereits im Jahr 1976 alles andere als „zeitgemäß" war. Biblische Maßstäbe stehen nun mal selten im Einklang mit dem Meinungsbild der Gesellschaft. Allerdings bleiben sie zu jeder Zeit aktuell und wer sich danach richtet, riskiert es, auf Unverständnis zu stoßen – ganz gleich in welcher Epoche er lebt.

Die Aktualität des Buches ist auch am Nachwort ersichtlich, welches die Autorin 20 Jahre nach der Erstauflage geschrieben hat und in dem sie kein Stückchen von ihrem ursprünglichen Standpunkt abrückt.

Weil dieses Buch sich auf biblische Maßstäbe stützt, bekommt es zeitlosen Charakter und ist heute immer noch aktuell. Der Appell, sich in Kleidungsfragen nach dem Willen Gottes zu richten, ist heute vielleicht sogar dringender als je zuvor!

Aus diesen Gründen legen wir dieses Buch in der leicht gekürzten deutschen Übersetzung auf. Wir hoffen, dass es für viele zum Segen wird, wie schon das andere hilfreiche Buch derselben Autorin „Unterordnung – Einschränkung oder Privileg?".

Der Herausgeber

Bevor du weiterblätterst...

Darf ich ein Wörtchen mit dir reden? Dieses Buch behandelt ein sehr umstrittenes Thema. Wir Frauen mögen es eigentlich gar nicht, dass man uns sagt, was wir tragen sollen. Der einzige Grund, warum ich es dennoch wage, dieses Buch zu schreiben, ist die Tatsache, dass es Frauen gibt, denen es ein ernstes Anliegen ist Gott zu gefallen. Sie wären bereit, ihr äußeres Erscheinungsbild genau nach Gottes Willen zu gestalten, wenn sie nur wüssten, was sein Wille ist. An solche aufrichtigen, offenen Frauen, die Gott gefallen möchten, schreibe ich.

Ich besuchte ein Treffen, wo ich ernste Frauen in dunklen, bodenlangen Kleidern und weißen Hauben neben anderen sitzen sah, die in Hosenanzüge gekleidet waren. Wieder andere, sorgfältig und geschmackvoll angezogene Damen, saßen neben barfüßigen Mädchen, „bauchfrei" und mit Jeanshosen bekleidet (eine von ihnen trug den Aufdruck „Bitte lächeln, Gott liebt Dich!" mitten auf dem Gesäß!). Alle diese Frauen würden zustimmen, dass die Bibel Gottes Wort ist. Warum war ihr Kleidungsstil aber so extrem unterschiedlich?

Gibt es in der Bibel klare Maßstäbe dafür, wie wir uns kleiden sollen? Wenn unsere Kinder sich über die Kleidungsnormen beschweren, die wir ihnen vermitteln – haben wir dann einleuchtende, biblische Erklärungen für sie bereit? Ist es Ungehorsam, wenn eine Frau Hosen trägt? Gilt auch uns das Wort, dass Frauen langes Haar tragen sollten? Macht es vor Gott überhaupt irgendeinen Unterschied, was eine Frau anzieht?

Sicherlich hast du bereits ein eigenes Meinungsbild zu all diesen Fragen. Gründet sich deine Meinung auf die Bibel? Bist du bereit über die Aussagen der Heiligen Schrift nachzudenken? Bist du bereit eine Entscheidung zu treffen, die nicht danach fragt, was bequem ist oder was die anderen tragen, sondern nur nach dem Wort Gottes?

Die Bibel sagt uns, dass wir Gottes Willen erkennen können, wenn wir bereit sind, diesen auch zu tun (Joh. 7,17). Du kannst erkennen, was Gott verlangt, wenn du bereit bist, alles zu tun was er dir sagt.

Gott hat einen Maßstab für dein äußeres Erscheinen. Wenn du bereit bist, diesen kennen zu lernen, lade ich dich ein, diese Seite umzublättern.

Kapitel 1

Kümmert sich Gott überhaupt um deine Kleidung?

Sie lebten im Paradies, der Mann und seine Frau. Sie hatten was das Herz begehrt. Ihre Tage waren voll von neuen Entdeckungen und Freuden. Die ganze Schöpfung bot sich ihnen zum Genuss dar. In der Kühle des Abends kam der ewige Gott persönlich vorbei, um mit ihnen zu reden.

Doch eines Abends, als Gott die Gemeinschaft mit seinen Geschöpfen suchte, kamen diese ihm nicht grüßend entgegen. Noch nie zuvor hatte er sie rufen müssen.

„Adam, wo bist du? ... Adam? ... Adam!"

Adam trat aus seinem Versteck hervor. Noch bevor er ein Wort über die Lippen brachte, verrieten die Feigenblätter um seinen Körper, was geschehen war – Adam hatte von der verbotenen Frucht gegessen!

„Ich hörte deine Stimme im Garten", sagte Adam leise mit gesenktem Blick. „Ich fürchtete mich, weil ich nackt bin und versteckte mich." Er zitterte, während er sprach. Die welkenden Feigenblätter wollten nicht recht beieinander bleiben. Je mehr er sie umklammerte, desto mehr zerfetzte er sie. Mit trauriger und ernster Stimme fragte Gott: „Wer hat dir gesagt, dass du nackt bist? Hast du von dem Baum gegessen, von dem ich dir gesagt habe, du sollst nicht von ihm essen?" (1. Mose 3,11). Gott kannte die Antwort auf diese Frage; er wusste schon vor Ewigkeiten, welche Entscheidung sein Geschöpf treffen würde. Auch der Plan der Erlösung stand bereits fest. Doch seine Vorkenntnis konnte den Schmerz nicht lindern, der in sein Herz stach, als Adam diese verdammenden Worte sprach: „Die Frau ... gab mir von dem Baum zu essen und ich aß."

Daraufhin schlachtete der Schöpfer unschuldige Tiere. Er nahm ihre Felle und reinigte sie (vgl. 1. Mose 3,21). Aus diesen Fellen nähte dann der heilige Gott Kleidungsstücke für seine Kinder, und ich kann mir vorstellen, dass er dabei weinte.

An diesem Tag senkte sich der Tod wie ein dichter Nebel auf die Erde. Seine Macht würde durch nichts mehr gebrochen werden können, als allein durch den Tod des Einen, der das Leben ist.

Dieses traurige Kapitel zeigt uns, dass Gott das Kleidungsproblem von Adam und Eva sehr ernst nahm. Es ist daher nur logisch anzunehmen, dass er auch unsere Kleidung sehr ernst nimmt. Diese Textstelle im ersten Buch Mose zeigt Prinzipien auf, die wir bei der Wahl unserer Kleidung erwägen müssen.

1. Zunächst ist bemerkenswert, dass die Kleidung von Adam und Eva ihren geistlichen Zustand verriet. Als sie noch nicht gesündigt hatten, trugen sie keine Kleidung und vermissten diese auch nicht (vgl. 1. Mose 2,25). Später verrieten die welkenden Feigenblätter die Tatsache, dass sie gesündigt hatten.

Die Feigenblätter veranlassten Gott zu fragen: „Hast du von dem Baum gegessen, von dem ich dir gesagt habe, du sollst nicht von ihm essen?" Ihre aus Feigenblättern improvisierte Kleidung offenbarte, dass sie Sünder waren. Darum kleidete Gott sie in beständige, weiche Wildleder-Gewänder und illustrierte damit den stellvertretenden Tod Christi, durch dessen Blut wir mit „Kleidern der Gerechtigkeit" bekleidet werden (vgl. Jes. 61,10). Diese Kleidung bezeugte, dass sie begnadigte Sünder waren, deren Sünde „bedeckt" war.

Es scheint also, dass unsere Kleidung etwas von unserem geistlichen Zustand widerspiegelt.

2. Zudem können wir aus diesem Bericht schlussfolgern, dass Adam und Eva erst nach ihrem Sündenfall ihre angeborene Männlichkeit bzw. Weiblichkeit erkann-

ten. In der unverdorbenen Schöpfung Gottes waren sie sich ihrer Einheit bewusst, nicht ihrer Unterschiedlichkeit: „Das ist nun Fleisch von meinem Fleisch ... sie sollen ein Fleisch sein“ (1. Mose 2,23.24). Das änderte sich nach dem Sündenfall, als ihre Augen geöffnet wurden und Adam „sah, dass er nackt“ war (1. Mose 3,7).

Gott hat den Menschen so veranlagt, dass er sich der unterschiedlichen Geschlechter bewusst ist. Deswegen gibt er ihm auch Gebote bezüglich der Kleidung.

3. Schließlich können wir beobachten, dass Adam und Eva in der unverdorbenen, vollkommenen Schöpfung Gottes keine Notwendigkeit verspürten, ihren Körper zu bedecken. Aber in dem ruinösen Chaos nach dem Sündenfall wussten sie instinktiv, dass sie sich anziehen mussten.

Bevor die Sünde in diese Welt kam, lag keine Versuchung darin, einen unverhüllten, nackten Körper anzuschauen. Doch durch die Sünde wurden diese in Ehre und Herrlichkeit geschaffenen Körper zum Objekt der Unehre und Schwachheit (vgl. 1. Kor. 15,43). Der Liebesakt, von Gott erfunden um heilig und erhaben zu sein, wurde von lüsternen, unheiligen Begierden nachgeahmt, durch die der Satan die Menschen zur Sünde bewegt.

Weil wir Sünder und gleichzeitig Subjekte der Versuchung sind, ist es notwendig, unsere Körper zu bekleiden.

Diese drei Wahrheiten können uns helfen, Gottes Maßstäbe für unsere Kleidung zu erkennen. Wir wollen später noch einmal einzeln auf sie eingehen.

Kapitel 2
Wo gehörst du hin?

Wenn ein Western-Freund den ersten Teil des Films verpasst hat, weiß er trotzdem, wer wer ist. Der „Gute" trägt Weiß – einen weißen Cowboy-Hut – und reitet ein weißes Pferd. Wenn er in den Saloon geht, verlangt er – zur Verwunderung des Kellners – ein Glas Milch.

Man weiß auch immer, wer der Schurke ist: er trägt einen schwarzen Hut, dreht an einem langen schwarzen Schnurrbart und reitet ein schwarzes Pferd.

Wie kommt es, dass gebildete Fernsehzuschauer mit solch primitivem „Schubladen-Denken" vorlieb nehmen? Sie tun es, weil dahinter eine elementare Wahrheit steht: Was du trägst, sagt etwas über dich aus. Deine äußere Erscheinung sagt den Menschen, wohin du gehörst.

Wenn du einem Fußballspiel zuschaust, erkennst du die Leute „deiner" Mannschaft an ihren Uniformen. Im übertragenen Sinne trägst du täglich eine solche Uniform, an der die Menschen erkennen, zu wessen Mannschaft du gehörst.

Erinnerst du dich noch an die Rebellen der 60er Jahre? Sie trugen eine deutlich erkennbare „Uniform": gewöhnlich abgetragene blaue Jeans mit ausgefransten Enden. Sie trugen ungepflegte Bärte. Sie wuschen ihre Haare nicht und benutzten kein Deo. Sie nähten sich die US-Flagge kopfüber an ihre Ärmel. – Was sagten sie damit? „Ich mag die Normen der Gesellschaft nicht leiden! Ich hasse alles, was euch wichtig ist! Meine Kleidung zeigt euch meine Verachtung!"

Quer durch verschiedene Jahrzehnte haben Andersdenkende ihre Feindseligkeit durch gezielte Wahl ihrer Kleidung zum Ausdruck gebracht.

Ein anderes Beispiel: Eine junge Frau weiß, dass ihr Mann um 18 Uhr nach Hause kommt. Während das

Essen noch auf dem Herd blubbert, deckt sie den Tisch mit Silbergeschirr und zündet die Kerzen an. Dann eilt sie ins Schlafzimmer, um sich umzuziehen und mit einem Hauch von Parfüm zu erfrischen.

Wenn ihr junger Ehemann zur Tür hereinkommt, braucht sie kein Wort zu sagen. Er sieht auf den ersten Blick, was sie ihm sagen möchte: „Ich liebe Dich! Du bist mir wichtig! Ich bin so froh, dass Du wieder zu Hause bist!"

Tag für Tag beurteilen wir die Menschen – ob richtig oder falsch sei dahingestellt – an ihrer Kleidung.

Selbst wenn mein Konto durch die Regierung der USA abgesichert wäre, fände ich es doch schwierig, einem Bankangestellten mit langen, fettigen Haaren Vertrauen zu schenken, wenn er dazu auch noch ein Jeanshemd mit schmutzigem Kragen trägt.

Ein Arzt erkennt oft auf den ersten Blick, dass der Zustand einer Patientin sich bessert – wenn sie wieder anfängt sich um ihr Äußeres zu kümmern.

Wir neigen dazu, von einer Kellnerin im Minirock und mit halb entblößtem Busen anzunehmen, dass sie mehr anbietet als nur ein leckeres Mittagessen.

In unserem Urteil, das wir anhand von Äußerlichkeiten treffen, können wir uns leicht irren. Es kann passieren, dass wir das Innere eines Menschen völlig falsch einschätzen, weil wir uns von seinem Äußeren leiten lassen. Das ändert nichts daran, dass wir dennoch fortwährend die Menschen nach ihrer Kleidung beurteilen – und vielleicht haben wir guten Grund dazu.

Einige Jahre lang fungierte ich als Schulleiterin an einer christlichen Tagesschule. Manchmal kamen Eltern, um ihr Kind anzumelden und sagten: „Dieses Kind wurde gerade von einer anderen Schule verwiesen. Es war aber nicht seine Schuld. Es kam zufällig in schlechte Gesellschaft. Wenn Sie es hier aufnehmen, wird es in dieser guten christlichen Atmosphäre keine Probleme haben." – Wenn ich meinem Mitgefühl erlaubte, über die Vernunft zu siegen und den „irregeleiteten" Schüler aufnahm, dann musste ich oft feststellen, dass dieser bereits zur Mittagszeit seines ersten Tages seinen Platz in der Nische der Schulrebellen gefunden hatte. Er gliederte sich schnell in die Reihen der Unzufriedenen ein.

Wie haben sich diese Schüler so schnell gefunden? Woran haben sie sich erkannt? Ich weiß es nicht. Es war nicht nur die Kleidung, denn jedes Kind hatte sich in Sachen Kleidung und Haartracht an die Schulvorschriften zu halten. Es war etwas Feinsinnigeres. Auf eine geheimnisvolle Weise erkannten sie sich am Erscheinungsbild.

Zu welcher Seite gehörst du? Liebst du den Herrn Jesus? Möchtest du als sein Nachfolger erkannt werden? Möchtest du dich in seine Reihen eingliedern?

Kapitel 3
Gott möchte, dass du schön bist

Gott liebt schöne Dinge. Seine ganze Schöpfung – so verunstaltet sie inzwischen auch sein mag – strahlt immer noch die Gnade und die Leidenschaft des Einen aus, der sich an der Erschaffung schöner Dinge freut. Unser Verstand ist überwältigt, wenn wir über Gottes wunderschöne Schöpfung nachdenken, über die Blumen, die er gemacht hat, über die verschiedensten Formen und Farben, über die Perfektion des kleinsten Details einer Blüte und ihren lieblichen Geruch.

Doch dieselbe unendliche Vielfalt findet sich auch in tausend anderen Teilen der Schöpfung: Fische und Vögel, Berge und Mineralien, Jahreszeiten, Stürme und Seen, gewaltige Urwaldungeheuer und mikroskopische Einzeller, Sterne, Schneeflocken und Atome. Sie alle sind wunderschön. Sie alle sprechen von einem Schöpfer, der Freude daran hat, ihre Funktion und Form zu gestalten.

„Alles hat er schön gemacht zu seiner Zeit", sagt der weise König Salomo in Prediger 3,11. Seine Schöpfung reflektiert den Schöpfer, den Einen, der der „Vater des Lichts" ist, der Geber jeder guten und vollkommenen Gabe (Jak. 1,17).

Warum sehnt sich das menschliche Herz nach Schönheit? Weil es sich nach Gott sehnt. David betete: „Eines habe ich vom HERRN erbeten, nach diesem will ich trachten: zu wohnen im Hause des HERRN alle Tage meines Lebens, um anzuschauen die Lieblichkeit des HERRN und nach ihm zu forschen in seinem Tempel" (Ps. 27,4).

Als Gott uns schuf, schuf er uns nach seinem Bilde. „Alles hat er schön gemacht zu seiner Zeit", heißt es in Prediger 3,11, „auch hat er die Ewigkeit in ihr Herz gelegt". Gott hat uns mit einer Sehnsucht nach ewig schönen Dingen geschaffen.

Gott hat sehr viel Zeit dazu verwendet, Mose detaillierte Anweisungen bezüglich der Priesterkleider zu geben (vgl. 2. Mose 28). Er bestimmte die Farben, den Stoff, die Form und das Stickmuster (Verse 5+32) der Kleider, „damit sie herrlich und schön seien" (V. 40).

Die „tüchtige Hausfrau" in Sprüche 31 verbringt ihre Zeit nicht nur damit, ihre Kinder anzuziehen, sondern auch damit, für sich selbst schöne Kleidung herzustellen: „Sie fürchtet für ihr Haus nicht den Schnee; denn ihr ganzes Haus hat zweifache Kleider. Sie macht sich selbst Decken; feine Leinwand und Purpur ist ihr Kleid" (Spr. 31,21-22).

Als Gott das Volk Israel zu einer Begegnung am Berg Sinai rief, um ihnen das Gesetz zu geben, befahl er Mose: „Und der HERRN sprach zu Mose: Gehe hin zum Volk und heilige sie heute und morgen, dass sie ihre Kleider waschen und bereit seien auf den dritten Tag; denn am dritten Tage wird der HERRN herabfahren auf den Berg Sinai." – Gott wollte, dass sein Volk an Körper und Kleidung sauber ist, wenn es ihm begegnet.

Gott ordnete auch an, Waschbecken für das Heiligtum anzufertigen, damit die Priester sich waschen konnten, bevor sie hineingingen, um zu opfern (vgl. 2. Mose 30,17-20). Wenn sie es nicht tun würden, müssten sie sterben. Die Priester sollten auch keine Kleidung tragen, die sie in der Gegenwart Gottes zum Schwitzen anregen könnte. Wolle war ausdrücklich untersagt (Hes. 44,17-20).

Alle diese Verse sagen uns, dass der Herr schöne Dinge liebt. Wenn wir durch unser Äußeres zum Ausdruck bringen wollen, dass wir zu Gott gehören, dann bedeutet das nicht, dass wir uns absichtlich hässlich machen sollen. Es ekelt Gott an, wenn Menschen versuchen, ihre Geistlichkeit durch hässliches Aussehen zum Ausdruck zu bringen.

Die Pharisäer wuschen und kämmten sich nicht, während sie fasteten. Obendrein machten sie eine gequälte

Miene, damit jeder sofort sah, dass sie fasteten – also, dass sie „geistlich" waren. Doch Jesus nannte sie Heuchler. Er sagte, es wäre besser, sie würden sich während des Fastens gut pflegen, damit niemand etwas davon bemerkte. „Du aber, wenn du fastest, so salbe dein Haupt und wasche dein Angesicht, damit du nicht den Menschen als ein Fastender erscheinest, sondern deinem Vater, der im Verborgenen ist; und dein Vater, der im Verborgenen sieht, wird dir vergelten" (Mt. 6,17-18).

Wir verstehen also richtig: unsere Frömmigkeit zeigt sich nicht darin, wie schmutzig wir sind. Es gereicht dem Herrn nicht zur Ehre, wenn eine Frau ihr Haar in struppigen, fettigen Fransen verwahrlosen lässt. Ebenso wenig verherrlichen ihn unpolierte Schuhe mit abgetragenen Absätzen und Strümpfe mit Laufmaschen. Solche Nachlässigkeiten bringen nicht zum Ausdruck, dass eine Frau Gott liebt, sondern vielmehr, dass sie fleischlich ist – nämlich faul und undiszipliniert.

Der Körper eines Christen ist ein Tempel des Heiligen Geistes (vgl. 1. Kor. 6,19-20). Wir rauben dem Herrn seine Ehre, wenn wir seinen Tempel missbrauchen. Wenn eine gottesfürchtige Frau möchte, dass ihr Aussehen zeigt, dass sie zu Gott gehört, wird sie ihr Haar sauber und aufgeräumt halten. Ihre Fingernägel werden sauber und kurz sein. Sie wird ihre Zähne putzen und sicherstellen, dass sie keinen unangenehmen Mundgeruch hat. Ihre Kleidung wird sauber und gebügelt sein, ihr passen und dem Anlass entsprechen. – Schließlich ist sie eine Prinzessin, die Tochter des Königs aller Könige, und ihr Aussehen soll ihn ehren.

Wir finden in der Bibel aber auch Frauen, die sich geschmückt haben, um einen Mann zur Sünde zu verführen. Hoseas Frau schmückte sich mit Ohrringen und Juwelen, um für ihre Liebhaber attraktiv zu sein (vgl. Hos. 2,13). Tamar, Judas Schwiegertochter, zog sich Hurenkleider an (vgl. 1. Mose 38,14-15).

Jesaja Kapitel 3 berichtet von einer Zeit, in der „Jerusalem gestürzt ist und Juda gefallen" (V. 8). Doch einige Frauen jener Zeit schienen völlig unberührt zu sein von der erschreckenden Situation ihres Volkes. Das Gericht Gottes bekümmerte sie nicht und sie schmückten sich mit dem „Schmuck der Fußspangen und der Stirnbänder und der Halbmonde", sie trugen „Ohrgehänge und die Armketten und die Schleier; die Kopfbunde und die Schrittkettchen und die Gürtel und die Riechfläschchen und die Amulette; die Fingerringe und die Nasenringe; die Prachtkleider und die Oberröcke und die Umhänge und die Beutel; die Handspiegel und die Hemden und die Turbane und die Überwürfe" (V. 18-23).

Welche Fülle von Schmuckstücken und Pflegeutensilien finden wir doch bei diesen gottlosen Frauen! Gott war empört über sie, die alle ihre Zeit und Energie in ihr Äußeres investierten, während es im Land um Leben und Tod ging. Sein Urteil war: „Und es wird geschehen, statt des Wohlgeruchs wird Moder sein, und statt des Gürtels ein Strick, und statt des Lockenwerks eine Glatze, und statt des Prunkgewandes ein Kittel von Sacktuch, Brandmal statt Schönheit" (V. 24).

Es ist falsch, derart um vergängliche Dinge besorgt zu sein, dass man Dinge von ewiger Bedeutung vernachlässigt.

Während Nebukadnezars Armee vor den Toren Jerusalems wartete, sagte Gott zu den Frauen Israels: „Und nun, du Verwüstete, was willst du tun? Wenn du dich auch in Scharlach kleidest, wenn du dich auch mit Goldgeschmeide schmückst, wenn du auch deine Augen mit Schminke herausstreichst, so machst du dich doch vergeblich schön; deine Liebhaber verschmähen dich und trachten dir nach dem Leben!" (Jer. 4,30).

Die Königin Isebel, Ahabs Frau, stach durch ihre Gottlosigkeit besonders heraus. 1. Könige 21,25 sagt: „Es ist gar keiner gewesen wie Ahab, der sich verkauft hätte, um zu tun, was böse ist in den Augen Jahwes", und fügt hinzu: „welchen Isebel, seine Frau, anreizte." Ein Mann namens Jehu zog los, um die Sünden Isebels zu rächen. Diese bereitete sich auf sein Kommen vor: „Und als Isebel es hörte, da tat sie Schminke an ihre Augen und schmückte ihr Haupt und schaute zum Fenster hinaus" (2. Kön. 9,30).

Was wollte sie bloß damit bezwecken, sich angesichts des drohenden Gerichts zu schmücken? Wollte sie den Boten Gottes verwirren, vielleicht sogar verführen? Oder war sie durch ihre Boshaftigkeit schon so verdreht, dass es ihr gar nicht einfiel, sich um irgendetwas anderes zu kümmern, als um ihre äußerliche Attraktivität? – Was auch immer ihre Absicht war, sie konnte ihrem blutigen und grausamen Tod nicht entfliehen.

Wir können andererseits beobachten, dass Menschen, die von ihrer Sünde plötzlich überführt sind, die Sorge um ihre äußerliche Attraktivität verlieren. Die Kinder Israels fielen in tiefe Sünde und beteten ein goldenes Kalb an, während Mose auf dem Berg Sinai war. Als sie erkannten, wie schrecklich ihre Sünde war, „da trauerten sie, und keiner legte seinen Schmuck an... Und die Kinder Israel rissen sich ihren Schmuck ab an dem Berge Horeb" (2. Mose 33,4+6).

Menschen, die Gottes Gnade suchten und von ihrer Sünde überführt waren, trugen oft raue Gewänder aus Sacktuch. Mordechai kleidete sich in Sacktuch, als er von dem gemeinen Plan Hamans zur Tötung der Juden hörte (vgl. Est. 4,1). Als Daniel wegen der Sünde seines Volkes fastete, tat er es „in Sacktuch und Asche" (Dan. 9,3).

Nachdem Elisa den Aramäer Naemann von seinem Aussatz befreit hatte, wollte ihm dieser als Dankeschön wunderschöne, kostbare Gewänder schenken. Elisa lehnte die Geschenke ab, aber sein Diener Gehasi holte sie für sich. Als er mit seiner durch Lüge erworbenen Beute zurückkam, sagte Elisa zu ihm: „Ist es Zeit ... Kleider zu nehmen ... ?" (2. Kön. 5,26). Die Strafe für seine Habgier und Lüge war der Aussatz Naemanns!

Übertriebene Sorge um Äußerlichkeiten, um Schmuck und körperliches Wohlergehen können zur Sünde führen.

In den vergangenen Jahren haben viele junge Leute angefangen schäbige, „schmuddelige" Kleidung zu tragen. Ihre Klamotten sind nicht einfach alltäglich, sondern bewusst schlampig. Sie kaufen sich neue Sachen, die aussehen, als wären sie schon abgetragen. Einige kaufen sich ausgebleichte Jeans mit eingeschnittenen Löchern (das Werbeschild proklamierte „vor-gebleichte, vor-zerfranste Jeans" – und der Preis war doppelt so hoch wie sonst). Sie stellen sich eine „armer Junge"-Ausrüstung zusammen.

Spricht die Tendenz zur hässlichen, schlampigen Kleidung von einer Sehnsucht nach immateriellen Werten? Wohl kaum. Die jungen Leute drücken durch diese Kleidung vielmehr ihren Protest gegen die materiellen Werte ihrer Eltern aus (und viele von ihren Eltern sind ja auch tatsächlich Materialisten). Doch schon allein die Tatsache, dass diese „moderne" Kleidung viel mehr kostet als die gewöhnliche, lässt mich ihre antimaterialistische Motivation in Frage stellen, vor allem, wenn sie ihre materialistischen Eltern dafür zur Kasse bitten! Die Wahrheit ist vielmehr, dass diese Kleidung oft zum Ausdruck bringt: „Ich lehne die Autorität meiner Eltern ab!"

Wie finden wir das Gleichgewicht? Woher wissen wir, was zu viel und was zu wenig ist? Wie sollten wir uns kleiden, damit Menschen, die uns anschauen, wissen, dass wir den Herrn lieben?

Kapitel 4
Gott möchte, dass du dich bescheiden kleidest

Gegen Ende der 70er Jahre finanzierte unser Sohn John sein Studium, indem er in einer Autowerkstatt einer großen Handelskette arbeitete. Er bekam einen Tagesbericht vom Filialleiter, der Folgendes besagte:

> **Thema: Aktueller Kleidungs-Kodex**
> Da die Mode dem ständigen Wandel unterliegt und es immer mehr Vielfalt in Frauen- und Männerkleidung gibt, ist es schwer, handfeste Normen zu definieren und oft entscheidet der persönliche Geschmack darüber, welche Kleidung „richtig" ist.
>
> Der beste Weg, den „Kleidungs-Kodex" unseres Unternehmens zu beschreiben, ist: Grundsätzlich ist alles untersagt, was unsere Geschäftsstelle in eine Szene vom Strand, Badeort, Tanzsalon oder Bauernhof verwandeln könnte – seien es Kleidung, Frisur, Schuhe oder sonstige Accessoires.
>
> Darunter fallen für Frauen „heiße Höschen", Hosenröcke, Jeans, Hosen und Pullover, bodenlange Röcke, Hosenanzüge, „bauchfreie" Oberteile und Tops; für Männer: Jeans, Rollkragen und diverse Sportutensilien. Alle Extreme – z.B. extrem langes Haar, ungepflegte Bärte bei Männern, Hüte oder umfangreicher Schmuck bei Frauen – rauben unserer Geschäftsstelle ein professionelles Erscheinungsbild.
>
> Jemand sagte einmal: „Es ist leichter ein Ziel zu erreichen, wenn man sich so kleidet, als wäre man bereits dort." Menschen vermitteln meistens ein Gesamtbild – nicht nur durch das, was und wie sie es tun, sondern auch dadurch, wie sie aussehen. Würde-

volle Kleidung mit Stil und Feingefühl gewählt kann nur dazu dienen, Ihren Erfolg zu beschleunigen.
Der Geschäftsstellenleiter

Es mag sein, dass der „Kleidungs-Kodex" dieser Firma manche der erwähnten Dinge mittlerweile akzeptiert, doch das Prinzip der (würdevollen) Bescheidenheit ist gut und biblisch. Bescheidenheit in der Kleidung wird vor allem in 1. Timotheus 2,9 und 15 gelehrt. Vers 9 sagt: „Desgleichen auch, dass die Frauen in bescheidenem Äußeren mit Schamhaftigkeit und Sittsamkeit sich schmücken, nicht mit Haarflechten und Gold oder Perlen oder kostbarer Kleidung..." Vers 15 sagt: „Sie wird aber gerettet werden in Kindesnöten, wenn sie bleiben in Glauben und Liebe und Heiligkeit mit Sittsamkeit." Das Wort „Sittsamkeit" in diesen beiden Versen ist das griechische Wort *sophrosune*. Es meint Besonnenheit, Klugheit oder Mäßigung.

In 1. Korinther 9,19-25 spricht Paulus von seinem Leben in Enthaltsamkeit und Mäßigung. Er sagt, dass er – obwohl er „frei ist von allen Menschen" – sich allen Menschen „zum Sklaven" gemacht hat, um so viele wie möglich für den Herrn zu gewinnen. Das war sein Lebensziel, für das er kämpfte. In Vers 25 sagt er: „Jeder aber, der kämpft, ist enthaltsam in allem." Ein Mensch, dessen Ziel es ist, andere zu Christus zu führen, wird in allen Dingen enthaltsam sein, auch in Fragen der Kleidung. „Enthaltsam sein" bedeutet, sich selbst Beschränkungen aufzuerlegen, und sich im Zaum zu halten.

Diese Enthaltsamkeit ist eine Frucht des Geistes (vgl. Gal. 5,22-23). Du kannst sie dir nicht selbst „erarbeiten". Sie entsteht, wenn du den Heiligen Geist dein Herz und dein Tun kontrollieren lässt. Gott erwartet jedoch von uns, dass wir diese Enthaltsamkeit mit Fleiß entwickeln (vgl. 2. Petrus 1,5), also ist hier auch harte Selbstdisziplin erforderlich.

In 1. Korinther 9,27 sagt Paulus: „Ich zerschlage meinen Leib und führe ihn in Knechtschaft, auf dass ich nicht, nachdem ich anderen gepredigt, selbst verwerflich werde." – Eine Christin, die ihren Glauben ernst nimmt, wird ihren Körper und ihr Äußeres unter die Kontrolle des Heiligen Geistes stellen und sich dienstbar machen, statt sich davon versklaven zu lassen.

In Titus 2,5 werden die Frauen aufgefordert „besonnen" zu sein. Dieses Wort ist mit dem Wort für „Sittsamkeit" aus 1. Timotheus 2 sehr eng verwandt. Es beschreibt etwas „von lauterem Sinn, gutem Geschmack, Urteilsvermögen, Gespür". – Eine christliche Frau sollte klug sein, guten Geschmack und ein gutes Urteilsvermögen haben. Das betrifft sicherlich auch die Art, wie sie sich kleidet.

Sprüche 11,22 vergleicht eine „Frau ohne Feingefühl" mit „einem goldenen Ring im Rüssel einer Sau". Kannst du dir eine große, fette, schmutzige Sau vorstellen, die sich im Dreck wälzt und mit ihrer Nase einen Misthaufen durchwühlt? Wie passt zu dieser Nase ein goldener Ring? Ebenso schmerzhaft geschmacklos ist eine von Natur aus schöne Frau, die kein Feingefühl und keinen Anstand besitzt.

Wie oft zwängen wir Frauen uns in unbequeme und geschmacklose Dinge hinein, nur weil ein Modedesigner sie für elegant erklärt hat! Erinnerst du dich noch an die Schuhe mit den großen Blockabsätzen, die uns wie Nilpferde stapfen ließen? Dann kamen die Schuhe, die vorn so eng waren, dass einige törichte Frauen sich den kleinen Zeh operativ entfernen ließen, nur um mit der Mode mitgehen zu können! Wie oft mussten wir peinliche Modeideen ertragen, nur weil ein Designer etwas Neues produzieren wollte – und dabei jeden guten Geschmack und den Sinn für das Schöne ignorierte.

Natürlich möchte eine Frau, die schöne Dinge liebt, zwischendurch etwas Neues haben. Es wäre langweilig, wenn alle immer den gleichen Rock tragen würden, die gleiche Ärmellänge und den gleichen Kragen. Der wahre Sinn des Modedesigns liegt darin, hier eine gesunde Abwechslung zu schaffen. Dennoch muss die Kleiderwahl einer Frau von dem Gebot Gottes geleitet werden: „in bescheidenem Äußeren mit Schamhaftigkeit und Sittsamkeit sich schmücken, nicht mit Haarflechten und Gold oder Perlen oder kostbarer Kleidung..." (1. Tim. 2,9). Dieses Gebot zu übertreten setzt eine Frau ernsthaften Versuchungen aus. Sie bietet dem Satan eine große Angriffsfläche, wenn sie sich von ihrem Körper und Schmuck vereinnahmen lässt.

Es ist wichtig, dass wir dieses Prinzip unseren Kindern beibringen. Vor allem als Teenager wollen sie wie ihre Klassenkameraden aussehen und von ihnen Anerkennung bekommen. Da kann die Mutter noch so oft sagen: „Du siehst gut aus, das steht dir prima!", aber was wirklich zählt, ist: „Was werden die anderen Kinder denken?"

Ein Kind sucht sich beim Optiker eine Brille aus und meint, die ist ganz „o.k.", doch sobald in der Schule ein „anerkannter" Mitschüler eine spöttische Bemerkung macht, will es die Brille am liebsten zertreten und nie mehr scharf sehen. Unsere Kinder werden uns unter Druck setzen, damit wir ihnen erlauben, sich den Normen der Gruppe, in der sie anerkannt sein wollen, anzupassen. Da heult eine Tochter der Mutter vor: „Mama, alle Mädchen kommen in Seidenstrümpfen zur Schule." Doch wenn du nachforschst, sind es vielleicht vier Mädchen, die das tun – und alle anderen betteln zu Hause ihre Eltern an, dasselbe tun zu dürfen!

Da muss eine Mutter wirklich weise sein! Viele jugendliche Modeerscheinungen rühren daher, dass ein Kind sein Anderssein, seine Zugehörigkeit zu einer Clique oder auch nur den persönlichen Geschmack ausdrücken möchte. Wenn die kitschigen Socken oder lustigen

Mützen dem Kind nicht schaden, wenn sie keine falsche Einstellung zeigen, wenn sie das Kind nicht von seinen Pflichten abhalten, ist sicherlich nichts Schlimmes dabei, wenn es „sich selbst ausdrückt". Wir Eltern nehmen den Kindern so viele Entscheidungen ab, darum können wir ihnen auch gewisse Freiheiten einräumen.

Wenn gestreifte Socken gerade „in" sind, gut! Wenn der eine Schuh gerade aus der Mode gekommen ist und ein anderer ist dafür „in", dann kann die kleine Sophie sicherlich selbst entscheiden, was sie tragen möchte. – Erscheint dir etwas altmodisch? Warte ein wenig! Eines Tages werden deine Enkelkinder über den Trend kichern, den deine Kinder jetzt mögen und ihr könnt alle zusammen über die Launen der Mode lachen. – Doch vielleicht muss es wirklich nicht sein, dass ein Mädchen in der sechsten Klasse jeden Tag mit Seidenstrümpfen zur Schule kommt. Sie sollte in der Pause frei laufen und spielen können, ohne dass ihr Vater Überstunden machen muss, um ihr für jeden Tag neue Strümpfe kaufen zu können.

Versteh mich bitte richtig, ich bin nicht dafür, dass du altmodische, unangemessene Kleidung trägst, um zu beweisen, dass du Christ bist. Es geht auch nicht darum, ob die Kleidung formell oder alltäglich wirkt. Der Schlüssel ist – Bescheidenheit!

Alles, was dem Körper unangemessene Achtung verschafft, kann als unbescheiden bezeichnet werden. Der Körper ist nur der Bilderrahmen für den Geist, nur Mittel zum Zweck. Seine Verzierung sollte die Persönlichkeit des Menschen betonen, nicht verdrängen. Das ist der Grund dafür, warum Gott den Frauen befiehlt, sich nicht mit „Haarflechten und Gold oder Perlen oder kostbarer Kleidung" zu schmücken. Der wahre Schmuck kommt nämlich von innen (vgl. 1. Petrus 3,4), nicht vom Körper.

Wie sollten die Fingernägel sein? Nun, hier sollte

man das Prinzip anwenden, dass die Form dem Zweck dienen sollte. Gott hat der Frau die Hände zum Dienen geschenkt. Immer dann, wenn Schönheit wichtiger wird als Dienst, ist Schönheit zu wichtig. Extrem lange Fingernägel müssen ständig geschützt werden (sogar vom Geschirrabwaschen, höre ich meine Mädels erklären). Mit zu langen Fingernägeln kann man weder schön Klavier spielen, noch an der PC-Tastatur vernünftig arbeiten.

Wie steht es mit dem Haarefärben (diese Frage kommt bei vielen Frauen auf, wenn ihr Haar immer grauer wird)? Ich kenne keine Stelle, die das Färben der Haare direkt verbietet. Doch der Herr selbst hat graues Haar geadelt: „Der Schmuck der Jünglinge ist ihre Kraft, und graues Haar die Zierde der Alten" (Spr. 20,29) und „Das graue Haar ist eine prächtige Krone: auf dem Wege der Gerechtigkeit wird sie gefunden" (Spr. 16,31). Der Herr Jesus selbst wird in Offenbarung 1,14 mit weißen Haaren beschrieben.

Wir sollten bedenken, dass Gott unsere Haarfarbe unserer Haut- und Augenfarbe angepasst hat. Wer an dieser Farbpalette etwas verbessern möchte, kommt häufig zu seltsamen Resultaten. Gott sagt uns in Matthäus 5,36, dass wir nicht bei unserem Kopf schwören sollen, weil wir nicht in der Lage sind, auch nur ein Haar weiß oder schwarz zu machen. Wir können es wirklich nicht dauerhaft, und unser nachwachsendes Haar verrät jeden Versuch.

Alle diese praktischen Entscheidungen sollten dem Gebot Gottes, sich bescheiden zu kleiden, unterworfen sein. Vielleicht wollen wir das graue Haar deswegen so gerne dunkel färben, weil wir den Glauben dieser Welt angenommen haben, dass Jugend mit Schönheit gleichzusetzen ist. Weltmenschen glauben, dass, solange sie das Alter, die Schwäche und den Tod leugnen, sie davon nicht angerührt werden können. Das ist natürlich nicht wahr. Echten Frieden bekommen wir nur, wenn wir unsere Sterblichkeit als den Lohn der Sünde akzeptieren und die Verheißung der Vergebung und des ewiges Lebens in Christus empfangen.

„Deshalb ermatten wir nicht, sondern wenn auch unser äußerer Mensch verfällt, so wird doch der innere Tag für Tag erneuert. Denn das schnell vorübergehende Leichte unserer Drangsal bewirkt uns ein über die Maßen überschwängliches, ewiges Gewicht von Herrlichkeit, indem wir nicht das anschauen, was man sieht, sondern das, was man nicht sieht; denn das, was man sieht, ist zeitlich, das aber, was man nicht sieht, ewig" (2. Kor. 4,16-18).

Da ist noch ein anderer wichtiger Gedanke bezüglich des Mitmachens mit der Mode dieser Welt. Wenn wir wie Sklaven jedem Trend folgen, einfach nur, weil dieser gerade „in" ist, ohne auf wahre Schönheit zu achten, kann uns das zu Fall bringen. Alles, was wir tun, einfach weil es andere auch tun, ist gefährlich und kann uns zur Sünde verleiten. Wir sollten unser Urteil nicht von der Meinung der Allgemeinheit abhängig machen.

Als Gott Samuel nach Bethlehem sandte, um unter den Söhnen Isais den König zu finden, sah er einen großen, hübschen Kerl und dachte: „Das ist bestimmt der König, den Gott sich ausgewählt hat" (1. Sam. 16,6). Aber Gott dachte anders. Er sah nicht auf das Äußere sondern auf das Herz. – Wenn alle Menschen eine Sache billigen, ist die Wahrscheinlichkeit hoch, dass sie in Gottes Augen falsch ist. „...denn was hoch ist unter den Menschen, das ist ein Gräuel vor Gott", sagt Jesus in Lukas 16,15.

Wie kann eine ungläubige Person, die Gottes Autorität ablehnt und die Sünde genießt, göttliche Dinge lieben? Sie kann es nicht. Ihre Vorzüge und Normen werden durch ihre Rebellion gegen Gott entstellt.

Wenn wir uns von der Meinung anderer Menschen leiten lassen, ganz gleich wie töricht diese ist, öffnen wir der Versuchung Tür und Tor. „Vor Menschen sich scheuen bringt zu Fall; wer sich aber auf den HERRN verlässt, wird beschützt" (Spr. 29,25).

Sprüche 28,21 sagt: „Die Person ansehen ist nicht gut; und mancher tut übel auch wohl um ein Stück Brot."

Wenn es mich zu sehr interessiert, wie du denkst, werde ich über kurz oder lang meine eigenen Überzeugungen verlieren. Wenn ich zulasse, dass deine Meinung mich entgegen gesundem Urteilsvermögen beeinflusst und meine Kleidung verändert, könnte es passieren, dass bald auch andere Entscheidungen meines Lebens von deiner Meinung bestimmt werden.

Unser Äußeres ist wie ein Vorposten, wie ein Frühwarnsystem. Wenn es unter der Meinung dieser Welt zusammenbricht, werden schon bald auch andere Überzeugungen in Trümmern liegen!

Denk einmal darüber nach: Wie oft hast du ein unbeabsichtigtes „Telegramm" von einer Freundin erhalten, indem du ihren geistlichen Verfall an einer radikalen Änderung der Frisur oder an einem herausfordernden Kleidungsstil ablesen konntest?

Wenn wir die „Uniform" der Gegnermannschaft anziehen, machen wir uns selbst angreifbar für den Satan. Eine Christin sollte sich nüchtern und bescheiden kleiden.

Kapitel 5
Gott möchte deine Bedürfnisse im Blick auf Kleidung stillen

Alle Bibelstellen, die wir bisher betrachtet haben, sprechen dafür, dass es Gott nicht gleichgültig ist, wie wir uns kleiden. Er ist aber auch kein Tyrann, der uns Gesetze auferlegt ohne Rücksicht darauf zu nehmen, wie wir damit zurechtkommen. Im Gegenteil, er kümmert sich sehr um die Nöte seiner Kinder. Er kümmert sich um dich, wenn du Kleidung benötigst und möchte dich damit versorgen, wenn du sein Kind bist und seine Sache an die erste Stelle stellst. In Matthäus 6,25-33 finden wir eine wunderbare Predigt des Herrn Jesus zu diesem Thema: „Darum sage ich euch: Sorgt euch nicht um euer Leben, was ihr essen und was ihr trinken sollt, noch um euren Leib, was ihr anziehen sollt! Ist nicht das Leben mehr als die Speise und der Leib mehr als die Kleidung? Seht die Vögel des Himmels an: Sie säen nicht und ernten nicht, sie sammeln auch nicht in die Scheunen, und euer himmlischer Vater ernährt sie doch. Seid ihr nicht viel mehr wert als sie? Wer aber von euch kann durch sein Sorgen zu seiner Lebenslänge eine einzige Elle hinzusetzen? Und warum sorgt ihr euch um die Kleidung? Betrachtet die Lilien des Feldes, wie sie wachsen! Sie mühen sich nicht und spinnen nicht; ich sage euch aber, dass auch Salomo in all seiner Herrlichkeit nicht gekleidet gewesen ist wie eine von ihnen."

Dann macht Jesus eine wunderbare Verheißung seiner Fürsorge: „Wenn nun Gott das Gras des Feldes, das heute steht und morgen in den Ofen geworfen wird, so kleidet, wird er das nicht viel mehr euch tun, ihr Kleingläubigen? Darum sollt ihr nicht sorgen und sagen: Was werden wir essen? oder: Was werden wir trinken? oder: Womit werden wir uns kleiden? Denn nach allen diesen Dingen trachten die Heiden, aber euer himmlischer Vater weiß, dass ihr das alles benötigt.

Trachtet vielmehr zuerst nach dem Reich Gottes und nach seiner Gerechtigkeit, so wird euch dies alles hinzugefügt werden!"

Als Gott dich schuf, nahm er die Verantwortung auf sich, für deine Bedürfnisse zu sorgen. Er sorgte dafür, dass du durch den Tod seines Sohnes Jesus Christus das ewige Leben erlangen kannst. Damit stillte er dein wichtigstes Bedürfnis, doch er versprach auch für jedes andere Bedürfnis zu sorgen, das du nur haben kannst. Weil das so ist, können wir unsere familiären Sorgen und Bekümmernisse an die Seite schieben und uns darauf konzentrieren, nach Gottes Gerechtigkeit zu trachten, Menschen zu ihm zu führen und ihm das Sorgen für unsere körperlichen Bedürfnisse überlassen.

Wer sich die Erfüllung eines materiellen Bedürfnisses wie das der Kleidung zum höchsten Ziel macht, kann nur Frustration ernten. Unser fleischlicher Körper kann nicht zufrieden gestellt werden. Wenn er hungrig ist und gefüttert wird, bekommt er bald wieder Hunger. Wenn er durstig ist und trinkt, bekommt er bald wieder Durst. Wenn der Körper bekleidet wird, verlangt er nach noch mehr Kleidung.

Prediger 5,10 sagt: „Wer Geld liebt, wird Geldes nimmer satt; und wer Reichtum liebt, wird keinen Nutzen davon haben. Das ist auch eitel."

Ein berühmter Milliardär wurde gefragt (er erzählte davon in seiner Autobiografie): „Wie viel Geld müssten sie noch bekommen, um zufrieden zu werden?" Seine Antwort war tragisch und doch so erschreckend wahr: „Nur ein wenig mehr."

Wenn du eine Frau, deren Gott „Kleidung" heißt, fragst: „Wie viele Pelze und Ketten, wie viele Schuhe, wie viele Abendkleider brauchst du noch, um zufrieden zu sein?", wird die Antwort sein: „Nur noch einige wenige!"

Gott sei Dank, es gibt einen besseren Weg, zufrieden zu werden! Statt dich nur damit zu beschäftigen, woher das Geld kommen soll, um neue Schuhe für die Kinder zu kaufen, eine Winterjacke für deinen Mann oder ein neues Kleid für dich, lenke deine Gedanken und deine Energie auf den Dienst für den Herrn. Überlasse es ihm für dich zu sorgen – er will es gerne tun! „Mein Gott aber wird alle eure Notdurft erfüllen nach seinem Reichtum in Herrlichkeit in Christus Jesu", sagt Paulus in Philipper 4,19. Wie groß ist sein „Reichtum in Herrlichkeit"? Weit größer, als wir denken können! Und aus diesen reichen Vorräten wird er für jedes deiner Bedürfnisse sorgen, wenn du ihn an die erste Stelle stellst.

Manchmal macht es beinahe Spaß, durch Schwierigkeiten zu gehen und zu sehen, wie wunderbar Gott für uns sorgt! Mein Mann ist Pastor. Wir haben sieben Kinder. Wenn wir von seinem Gehalt das Geld abziehen, das für Schulgebühren, Essen, Strom, Gas und alle anderen Geldschlucker draufgeht, bleibt nicht mehr viel für Kleidung übrig. Und doch schickte uns der Herr immer zur richtigen Zeit genau das, was wir brauchten.

Manchmal war es ein Geldgeschenk, das für Kinderkleidung bestimmt war. Manchmal klopfte jemand an der Pfarrhaustür und hielt einen Karton mit Kleidung unterm Arm: „Ich hoffe, Sie nicht in Verlegenheit zu bringen durch mein Angebot, aber ich habe hier einige Sachen, aus denen mein Sohn herausgewachsen ist. Möchten Sie sich diese vielleicht mal anschauen?", fragte sie vorsichtig. – Die Kinder waren zu neugierig, um verlegen zu sein. Eifrig durchsuchten wir den Karton und schon fanden wir etwas, was ein Kind gerade brauchte. – Oft waren im Laden gerade die Röcke zur Hälfte reduziert, die der in die Höhe schießenden Tochter gerade passten.

Vor vielen Jahren – mein Sohn John war damals vier und Ruth war zwei – predigte mein Mann bei einer Erweckungsbewegung in einer ländlichen Gemeinde in Iowa. Für diese zwei Wochen mieteten wir uns ein Farmhaus. Es lag so abgelegen, dass ich tagsüber kaum etwas tun konnte, um bei der Erweckung mitzuhelfen.

Ruth brauchte dringend einen Wintermantel und ich hatte genug Zeit, ihr einen zu nähen. Im Farmhaus stand eine alte Nähmaschine, somit hatte ich das Werkzeug dazu, aber keinen Stoff und auch keine Möglichkeit, zwanzig Meilen bis zur nächsten Stadt zu reisen. Und selbst wenn – ich hatte auch kein Geld mir den Stoff zu kaufen.

An diesem Morgen betete ich: „Herr, ich weiß, das klingt wie eine dumme Frage. Aber irgendeine Frau in dieser Gemeinde hat doch sicherlich Stoffreste von einem Mantel liegen, den sie für sich genäht hat. Ruth ist so klein, es braucht nicht viel Stoff, um für sie einen Mantel zu nähen. Und ich habe gerade jetzt so viel Zeit zum Nähen. Wenn ich wieder zu Hause bin, werde ich nicht mehr dazu kommen. Meinst du, du könntest den Stoff für mich besorgen?"

Am Nachmittag fuhr eine Frau auf den Hof. Sie zog ein Päckchen aus dem Auto und drückte es in meine Hand. „Meine Tochter hat gerade ihren Mantel fertig genäht. Ich denke, der Rest würde noch reichen, um für Ihre Tochter einen Mantel daraus zu machen. Nähen Sie?" – Ich nickte durch meine Tränen. – „Ich habe Ihnen noch Futterstoff mitgebracht und auch ein Schnittmuster..."

Aus diesem Stoff entstand der flauschigste und weichste Nylon-Mantel, den man sich vorstellen kann! Ruth trug ihn zwei Jahre lang (ich schneide die Säume immer ausgiebig lang zu), und nach ihr wurde er von ihren Cousinen noch jahrelang getragen. Ich bewahre das Schnittmuster als Erinnerung daran auf, dass mein Gott für mich sorgt.

Unser Vater im Himmel sorgt auch für dich. Es ist ihm sehr wichtig, dass du die schöne Kleidung, die du brauchst, auch bekommst. Er hat versprochen, für dich zu sorgen, wenn du ihn nur an die erste Stelle im Leben stellst.

Kapitel 6

Gott möchte, dass du wie eine Frau aussiehst

Der allmächtige Gott, Schöpfer des Himmels und der Erde, tut nie etwas ohne eine bestimmte Absicht. Alles, was er tut, zeugt von einem genialen Plan, der dahinter steckt. Am deutlichsten sehen wir das in der Erschaffung des Menschen.

„Und Gott sprach: Lasset uns Menschen machen in unserem Bilde, nach unserem Gleichnis; ... Und Gott schuf den Menschen in seinem Bilde, im Bilde Gottes schuf er ihn; Mann und Frau schuf er sie“ (1. Mose 1,26-27). Die Schrift sagt uns, dass Gott gezielt zwei verschiedene Geschlechter machte, um seinen Plan der Familie zu verwirklichen. Mit beiden hatte er bestimmte Absichten.

Der Mann ist nach dem Bild Gottes geschaffen. Er hat die gewaltige Aufgabe bekommen, sich die Erde untertan zu machen. Dazu gab Gott ihm einen entsprechend starken Körper und die Entschlusskraft, diese ungeheure Arbeit in Angriff zu nehmen.

Der Mann ist als Versorger der Familie geschaffen, als ihr Beschützer und Wächter. Nach dem Bilde Gottes geschaffen, soll er wie Gott zu seiner Familie sein. Er ist der Hohepriester und Fürsprecher der Familie (vgl. Hiob 1,5; 1. Mose 25,21). Er trägt die Sorge um das geistliche Wohlergehen der Familie auf seinem Herzen. Wie Christus soll er seine Frau in selbstloser Liebe umsorgen und bereit sein, sein Leben für sie hinzugeben (vgl. Eph. 5,23.25).

Die Frau („Männin“ im Urtext, weil sie vom Mann genommen ist) hat Gott nicht nur nach seinem eigenen Bilde geschaffen, sondern ganz speziell auch als Abbild des Mannes. Sie ist die Herrlichkeit und Krone des Mannes (vgl. 1. Kor. 11,7; Spr. 12,4). Gott formte die Frau aus dem Körper des Mannes nicht, weil er einem nachträglichen Einfall folgte, sondern planmäßig, um dadurch die Abhängigkeit und die Bestimmung der Frau für ihren Mann zu zeigen.

Die Frau ist der Aufseher des Hauses. Ihr Körper ist nicht dazu geschaffen, wilde Tiere zu bändigen oder Wälder abzuholzen, sondern für die gefühlvolle Aufgabe, das Heim gemütlich zu machen. In ihrem Körper trägt sie das kostbare, ungeborene Kind. Nach der Geburt nährt und pflegt sie es und bringt ihm die ersten Dinge bei. Sie macht das mühevolle Leben ihres Mannes lebenswert.

Obwohl die Frau vom Mann genommen und für ihn geschaffen ist, kann der Mann ohne sie nicht existieren. So wie eine Schraube ohne eine Mutter nutzlos ist, wie eine Scherenklinge ohne die andere nichts kann, so sind Mann und Frau ohne einander unvollständig. Das ganze Paradies war für Adam unvollständig, solange er es nicht mit Eva teilen konnte.

Ein Neugeborenes kommt mit dem angeborenen Wissen seiner Männlichkeit oder Weiblichkeit zur Welt. Einem Mädchen ist die emotionale Veranlagung angeboren, die sie braucht, um den Haushalt zu führen. Einem Jungen dagegen ist eine ganz andere Veranlagung gegeben, die er zur Führung seiner späteren Familie braucht.

Es ist kein Zufall, dass kleine Mädchen gewöhnlich nach Puppen greifen und Jungen Autos bevorzugen. Gott hat die kleinen Herzen schon so gemacht, dass sie von Natur aus die Tätigkeiten genießen, die er für sie vorgesehen hat.

Psychologische Bücher sagen, dass Männer ihre großen Muskeln effektiver nutzen; Frauen dagegen sind geschickter in kleinen Dingen. Männer können besser mit Maschinen umgehen; Frauen haben in der Regel ein besseres Empfinden für Details. Gewöhnlich sind Jungen in Mathematik besser, Mädchen hingegen in Sprachen.

Der Mann braucht eine aggressive Veranlagung, um die Natur zu besiegen. Also machte Gott ihn aggressiv. Der Psychologe Gilbert sagt: „Das männliche Geschlecht ist offensichtlich wesentlich aggressiver, von Kindheit an, zweieinhalb mal so aggressiv wie das weibliche" (*Encyclopedia of Human Behavior* von Robert M. Goldenson, Seite 1194, Artikel über die Unterschiede der Geschlechter).

Gott hat es einer Frau viel leichter gemacht, die Hausarbeit zu bewältigen, als dem Mann. Während eine Frau beim Kartoffelschälen 1,29 Kalorien verbraucht, benötigt ein Mann (wenn du ihn dazu bekommst!) für die gleiche Arbeit 2,7 Kalorien – das ist mehr als das Doppelte an Energie. Beim Abwaschen verbraucht eine Frau 1,53 Kalorien. Ein Mann arbeitet bei derselben Tätigkeit doppelt so schwer – er verbraucht 3,3 Kalorien. Beim Bettenmachen verbraucht eine Frau 5,4 und ein Mann 7 Kalorien.

Auf der anderen Seite braucht ein Mann nicht annähernd so viel Energie wie eine Frau, um die schweren Arbeiten draußen zu verrichten. Gott hat den Mann für große Aufgaben mit enormem Energieanspruch geschaffen. Die Frau schuf er für kleine Aufgaben von langer Dauer.

Heutzutage gibt es viele Psychologen, die diese Sicht ablehnen. Sie sagen, die Unterschiede seien nicht angeboren, sondern würden den Kindern von ihren Eltern anerzogen. Sie beschuldigen die Eltern, die Kinder in ihre „Rollen" hineinzuzwängen.

(Ich spreche nicht gerne von „Rollen", um die Aufgabenverteilung von Mann und Frau zu beschreiben, weil dieses Wort nach einem Schauspiel klingt. Wovon wir reden, ist alles andere als ein Schauspiel. Es geht nicht um ein angelerntes Verhalten, das man nach Belieben wieder ablegen könnte. Es geht um einen angeborenen Teil unserer Persönlichkeit. Doch da mir kein besseres Wort einfällt, gebrauche ich – wie die Psychologen – das Wort „Rolle".)

B.F. Skinner nimmt an, dass Kinder nicht von sich aus männliche oder weibliche Rollen bevorzugen. In seinem Buch *(Walden Two)* beschreibt er die „ideale Gesellschaft". Darin werden die Kinder den Eltern gleich nach der Geburt weggenommen, damit sie nicht den Wunsch bekommen, „wie Papa" oder „wie Mama" zu sein!

Skinner beklagt sich darüber, dass in unserer Gesellschaft ein kleines Mädchen dazu verdammt sei, zu einer neurotischen Hausfrau heranzuwachsen. Hätte sie keine geschlechtsbezogene Identifikation – behauptet Skinner –, würde sie zu einem glücklichen Erwachsenen heranreifen.

(Du wirst Skinners Aussagen nicht ganz so ernst nehmen, wenn du etwas später in seinem Buch entdeckst, wie wenig er von Babies versteht. Danach müssen Babies nur einmal die Woche gebadet werden, wenn die Luft im Kinderzimmer gut gefiltert ist! Jede gewöhnliche Mutter weiß auch ohne Doktortitel, dass Kleinkinder durch etwas undurchsichtigeres als ungefilterte Luft schmutzig werden. Wenn er so wenig von den körperlichen Bedürfnissen des Kindes versteht, warum sollten wir annehmen, er verstehe etwas von ihren seelischen und geistlichen Nöten?)

Doch Spaß beiseite – Skinners Angriff auf die Familie ist sehr gefährlich. Aufmerksamen Christen sollte er ernsthafte Sorgen bereiten. Gott setzte die Familie vor jeder anderen Institution ein. Er hat den Eltern die große Verantwortung übertragen gottesfürchtige Kinder heranzuziehen. Wir dürfen diese Aufgabe nicht auf die Psychologen und Soziologen abwälzen.

In den 50er Jahren gab der Baby-Spezialist Dr. Benjamin Spock Müttern den Rat, Jungen typisch männliche

Aufgaben zu geben und die Mädchen typisch weibliche Dinge tun zu lassen, damit sie sich mit ihrer Rolle im Leben vertraut machen. Im Jahr 1974 beugte sich Dr. Spock dem feministischen Druck und entschuldigte sich für seine „männlich chauvinistische" Meinung. Dementsprechend revidierte er sein Buch. Warum? Weil irgendwelche Tatsachen sich verändert hatten? Wohl kaum!

Manche Psychologen ignorieren schlichtweg frühere Studien, die belegen, dass Kinder schon in einem sehr frühen Stadium ausgeprägte Tendenzen zu männlichen bzw. weiblichen „Rollen" haben. Die Psychologen behaupten, das seien keine angeborenen Tendenzen oder Vorlieben, sondern Reflexionen der kulturellen Umgebung. Mutter und Vater prägten ihre Lieblinge – bewusst oder unbewusst – durch ihr eigenes, frustriertes, eingeschränktes Verhalten. Warum haben die Psychologen ihre Meinung geändert?

Warum sollte man die offensichtliche Tatsache abstreiten, dass Kinder schon sehr früh von ihrem Geschlecht bestimmte Neigungen aufweisen? Warum? Weil einige Verhaltenspsychologen alles ablehnen, was darauf hinweist, dass ein Kind angeborenes moralisches Empfinden besitzt. Sie denken, ein Kind wäre so frei von jeder Moral wie ihre Versuchskaninchen.

Weil sie Gott, den Schöpfer, ablehnen, leugnen sie die Tatsache, dass ein Kind den Fingerabdruck seines Schöpfers trägt. Es gibt Dinge, die wir wissen ohne sie gelernt zu haben. Es gibt Gefühle, Vorlieben und Fähigkeiten, die in uns eingebaut sind. Sie sind in uns vorhanden – lange bevor wir in der Lage sind, sie bei anderen zu beobachten und nachzuahmen.

(Ich vermeide es bewusst, dieses innere Wissen mit „Instinkt" zu beschreiben, da dieses Wort von den Wissenschaftlern in einem eingeschränkteren Sinn verwendet wird. Ein besserer Ausdruck wäre „intuitives Wissen": Wir wissen manche Dinge ohne sie beobachtet zu haben – unabhängig davon, in welche Zeit und Kultur wir hineingeboren werden. Gott legt dieses Wissen in jedes menschliche Herz.)

Die Bibel sagt in Römer 1,18-20: „Denn es wird geoffenbart Gottes Zorn vom Himmel her über alle Gottlosigkeit und Ungerechtigkeit der Menschen, welche die Wahrheit durch Ungerechtigkeit aufhalten, weil das von Gott Erkennbare unter ihnen offenbar ist, da Gott es ihnen offenbar gemacht hat; denn sein unsichtbares Wesen, nämlich seine ewige Kraft und Gottheit, wird seit Erschaffung der Welt an den Werken durch Nachdenken wahrgenommen, so dass sie keine Entschuldigung haben."

Wir könnten diese Verse auch so wiedergeben: „Sogar Menschen, welche die Wahrheit durch Ungerechtigkeit niederhalten, können bestimmte Dinge über Gott wissen. Gott hat sie ihnen in seiner Schöpfung geoffenbart. Sie können etwas von den ewigen und abstrakten Zügen Gottes erkennen, wenn sie die sichtbaren Dinge sehen. Ein Mensch wird für alles verantwortlich gemacht, was er hätte erkennen können. Er hat keine Entschuldigung, etwas zu ignorieren."

Hat das etwas mit dem angeborenen Verständnis der eigenen Männlichkeit oder Weiblichkeit zu tun? Ja, gerade damit. 1. Korinther 11,14-15 sagt: „Oder lehrt euch nicht auch selbst die Natur, dass, wenn ein Mann langes Haar hat, es eine Unehre für ihn ist? Wenn aber eine Frau langes Haar hat, es eine Ehre für sie ist? Weil das Haar ihr anstatt eines Schleiers gegeben ist." – Über die Haarlänge werden wir später reden, aber achte auf den Ausdruck „lehrt euch nicht selbst die Natur". Die Natur lehrt uns etwas über unsere Männlichkeit und Weiblichkeit. Mit „Natur" sind hier nicht Vögel und Schmetterlinge gemeint – im Tierreich gibt es keine Scham für langes oder kurzes Haar. Nein, die „Natur" ist in diesem Zusammenhang das innere, angeborene Wissen um die

Rolle und Verantwortung des einzelnen Geschlechts, das nicht erst angelernt wird.

Doch gerade dieses innere Wissen lehnt der gefallene Mensch ab. In Römer Kapitel 1 erfahren wir weiter, dass die Menschen – die anhand der Schöpfung Gottes unsichtbares und ewiges, göttliches Wesen erkennen können – Gott ablehnen. Die Folge dieser Ablehnung ist, dass ihr Denkvermögen gestört wird „weil sie, Gott kennend, ihn weder als Gott verherrlichten, noch ihm Dank darbrachten, sondern in ihren Überlegungen in Torheit verfielen, und ihr unverständiges Herz verfinstert wurde" (Vers 21).

Die Folge der Ablehnung Gottes führt soweit, dass das natürliche Bewusstsein der unterschiedlichen Geschlechtlichkeit verloren geht: Frauen werden lesbisch und „haben den natürlichen Verkehr vertauscht mit dem widernatürlichen" (Vers 26); Männer werden homosexuell und haben „den natürlichen Verkehr mit der Frau verlassen und sind gegeneinander entbrannt in ihrer Begierde und haben Mann mit Mann Schande getrieben und den verdienten Lohn ihrer Verirrung an sich selbst empfangen" (Vers 27). Gerade die Dinge, die sie intuitiv wussten, haben sie zu ihrem eigenen Verderben verdreht.

Die Verbindung dieser Gedanken ist nicht zufällig: wenn Menschen das Wissen über die Macht und Gottheit des Schöpfers bewusst ablehnen, lehnen sie auch seine Bestimmung der Geschlechter ab. Das ist auch der Ursprung der feministischen Befreiungsbewegung und der Antrieb der Homosexuellen, in der Gesellschaft anerkannt zu werden. Beide sind unzertrennlich mit der Ablehnung des göttlichen Planes für Mann und Frau verbunden.

Ganz gleich, was die Medien oder Meinungsumfragen darüber sagen: die Bibel bezeichnet Homosexualität als eine schlimme Sünde, die den Plan Gottes für den Menschen durchkreuzen will. Aus der Sicht der Bibel ist sie nicht einfach nur ein „alternativer Lebensstil" oder eine bemitleidenswerte Veranlagung, auch keine Krankheit, sondern schlichtweg Sünde.

In Gottes Augen ist Homosexualität eine gleich schwere Sünde wie Zauberei (vgl. 3. Mose 18,21-30). Gott hatte dafür die Todesstrafe verhängt. In der Bibel taucht sie immer wieder in Verbindung mit grober Rebellion und anderen schlimmen Sünden auf (vgl. 2. Petrus 2,6-10; Judas 7).

Warum ist diese Sünde so schrecklich? Weil sie den Plan Gottes zerstört. Sie ist eine „Verwirrung" und ein „Gräuel" (vgl. 3. Mose 18,22-29).

(Gott sei Dank, Homosexualität kann – wie jede andere Sünde, die ein Mensch begangen hat – vergeben werden. Der Herr Jesus hat Mitleid für alle Sünder und starb für sie am Kreuz, so dass auch Homosexuelle erlöst und gereinigt in den Himmel kommen können.)

Gott hat für den Mann bestimmt, dass er sich eine Frau als Gefährtin sucht, die er liebt und mit der er sein Leben teilt, eine Familie baut, Kinder in die Welt setzt und sie zum Herrn erzieht. Jede menschliche Erfindung, die diesen wunderbaren Plan Gottes durcheinander bringt, ist eine abscheuliche Sünde.

„Genug!", wirst du jetzt ermüdet ausrufen. „Ich glaube dir. Aber – ich denke wir sprechen über Kleidung!?" Das tun wir auch! Wie aber hängen diese Dinge mit unserer Kleidung zusammen? Nun, solange wir uns des absoluten göttlichen Standards nicht bewusst sind, neigen wir dazu, die Bedeutung bestimmter Bibelstellen, die über Äußerlichkeiten sprechen, nicht richtig zu erfassen. Es sind hauptsächlich zwei Bibelstellen, die über die äußeren Unterschiede zwischen Mann und Frau sprechen.

In 5. Mose 22,5 heißt es: „Eine Frau soll keine Männersachen auf sich haben, und ein Mann soll keine Frauenkleider anziehen; denn jeder, der dies tut, ist dem HERRN, deinem Gott, ein Gräuel." – Jedes Geschlecht soll die für ihn bestimmte Kleidung tragen. Die zweite Bibelstelle ist 1. Korinther 11, wo den Geschlechtern unterschiedliche Haarlängen zugeordnet werden.

Beide Stellen sind heiß umstritten und die Bibelgelehrten sind sich in ihrer Auslegung nicht immer einig. Ich schlage vor, sie in jeweils einem neuen Kapitel ausführlicher zu betrachten. Doch vorher wollen wir noch eine weitere wichtige Feststellung machen: Wenn wir über die Unterschiedlichkeit von Mann und Frau reden, geht es nicht darum, wer besser oder wichtiger ist. Mann und Frau sind völlig gleichwertig, aber sie sind nun einmal verschieden!

Frau zu sein ist keine Behinderung für die Beziehung zu Gott. Vor dem Herrn sind wir alle gleich. Galater 3,28 sagt uns: „Da ist nicht Jude noch Grieche, da ist nicht Sklave noch Freier, da ist nicht Mann und Frau; denn ihr alle seid einer in Christus Jesus."

Der Herr Jesus Christus gab sein teures Blut auch für jede Frauenseele, sie ist ihm kostbar. Wenn sie betet, hört Gott ihr genauso zu wie einem Mann. Gott versprach seinen Geist ebenso auf seine „Mägde" wie auf seine „Knechte" zu senden (vgl. Apg. 2,17-18).

Scheuere dich nicht wund an dem Platz, an den Gott dich gestellt hat. Er stellte dich dorthin um dich zu erfreuen und dir Erfüllung zu schenken. Er liebt dich. Er will, dass du glücklich bist. Er ist so weise, dass er weiß, was dich glücklich machen kann. Er ist mächtig und weise genug, alle Umstände in deinem Leben so zu lenken, dass sie genau richtig für dich sind. Warum sollten wir Gott nicht in dem Rahmen fröhlich dienen, den er uns abgesteckt hat, als er uns unseren weiblichen Körper gab?

Bist du bereit, dich nun mit 5. Mose 22,5 auseinander zu setzen? Dann mach dir eine Tasse frischen Kaffee, und lass uns damit beginnen.

(Wenn du dich für mehr biblische Unterweisung zum Thema Unterordnung in der Ehe interessierst, möchte ich dir mein Buch „Unterordnung – Einschränkung oder Privileg?“ empfehlen. Es ist beim gleichen Verlag erschienen.)

Kapitel 7

Was lehrt 5. Mose 22,5 über Männer- und Frauenkleidung?

„Eine Frau soll keine Männersachen auf sich haben, und ein Mann soll keine Frauenkleider anziehen; denn jeder, der dies tut, ist dem HERRN, deinem Gott, ein Gräuel." 5. Mose 22,5

Ganz offensichtlich sagt dieser Vers, dass eine Frau keine Männerkleidung und ein Mann keine Frauenkleidung anziehen und tragen soll. Wer es dennoch tut, ist für Gott ein Gräuel.

Gräuel – das ist der stärkste Ausdruck der Abneigung, den wir in der Bibel finden können. Gräuel bedeutet soviel wie „extreme Abscheu, Ekel, Empörung; verhasste, beschämende Widerwärtigkeit". Gräuel ist das, was Gott empfindet, wenn er eine Frau Männerkleidung anziehen sieht, oder einen Mann, der Frauenkleider trägt.

Ist das wirklich die Aussage dieses Verses?

So manches Mal wurde ich von Christen abgewiesen mit der Bemerkung: „Das ist nur ein Zeremonialgesetz! Das betrifft uns Christen nicht!"

Nun, wäre dies ein Gebot des Zeremonialgesetzes, so wären wir nicht nur von seiner Einhaltung befreit, wir dürften es auch keinem anderen aufbürden. Als Christus starb, hat er „die gegen uns gerichtete Schuldschrift ausgelöscht, die durch Satzungen uns entgegenstand, und hat sie aus dem Weg geschafft, indem er sie ans Kreuz heftete." (Kol. 2,14) Die Konsequenz daraus schildern die Verse 16-17: „So lasst euch von niemand richten wegen Speise oder Trank, oder wegen bestimmter Feiertage oder Neumondfeste oder Sabbate, die doch nur ein Schatten der Dinge sind, die kommen sollen, wovon aber Christus das Wesen hat."

Alle Zeremonialgesetze wurden mit dem Kreuz Christi abgeschafft. Die Moralgesetze behalten weiterhin ihre Gültigkeit. Wie können wir aber herausfinden, ob es sich bei unserem Vers um ein (für uns unverbindliches) Zeremonialgesetz oder um ein (auch für uns gültiges) moralisches Gebot handelt?

Du wirst sicherlich wissen, dass das Zeremonialgesetz in besonderer Weise den Juden von Gott gegeben wurde. Es besagte nicht, was rechtmäßig richtig oder falsch war, sondern verordnete gewisse Zeremonien, welche den Juden ihre besondere, für Gott abgesonderte Stellung vermitteln sollten. Das Volk Israel erhielt den Befehl, bestimmte Dinge zu tun, nur um zu zeigen, dass sie anders waren als die übrigen Völker.

Zum Beispiel war es den Juden verboten, das Fleisch bestimmter Tiere und Vögel zu verzehren. Doch nach dem Kreuzestod Christi änderte Gott dieses Gebot. In Apostelgeschichte 10,15 spricht Gott zu Petrus: „Was Gott gereinigt hat, das halte du nicht für gemein!" Die Gegenstandslektion hatte ihre Botschaft vermittelt („Es ist unmöglich, das Heil zu erlangen, indem man bestimmte Regeln einhält") und somit ausgedient. Nun kann jeder – Jude oder Heide – beliebiges Fleisch essen. In 1. Tim. 4,3-4 warnt Paulus sogar vor Männern, die „verbieten zu heiraten und Speisen zu genießen, die doch Gott geschaffen hat, damit sie mit Danksagung gebraucht werden von denen, die gläubig sind und die Wahrheit erkennen. Denn alles, was Gott geschaffen hat, ist gut, und nichts ist verwerflich, wenn es mit Danksagung empfangen wird; denn es wird geheiligt durch Gottes Wort und Gebet."

Gehört 5. Mose 22,5 nun zum Zeremonial- oder zum moralischen Gesetz? Das ganze Kapitel ist eine Mischung aus beiden. Viele Verse gehören ganz offensichtlich zum moralischen Gesetz. Siehst du, wie ein Ochse oder Schaf deines Nachbarn sich verlaufen hat, dann bringe das Tier zu seinem Besitzer zurück (vgl. Verse 1-4). Bewahre die Natur, damit nachfolgende Generationen genug zu essen haben (vgl. Vers 6). Schütze das menschliche Leben, indem du Sicherheitsvorrichtungen wie Treppen- oder Balkongeländer in deinem Haus installierst (vgl. Vers 8). Eine wegen Untreue verklagte Frau hat Anspruch auf einen fairen Prozess (vgl. Verse 13ff). Vergewaltigung und Ehebruch müssen hart bestraft werden (vgl. Verse 22ff). All das sind moralische Gesetze.

Vier Gebote in diesem Kapitel scheinen zeremonieller Natur zu sein: besäe das Feld nicht mit zwei verschiedenen Samenarten; pflüge nicht mit einem Ochsen und einem Esel in einem Gespann; webe keinen Stoff aus zwei verschiedenen Materialien; trage Quasten an den Zipfeln deines Überwurfs (Verse 9-12).

Nun – in welche Kategorie gehört der fünfte Vers?

Einen wichtigen Hinweis finden wir im Vers selbst, nämlich die Aussage, dass eine Person, die dies tut, *„dem HERRN* ein Gräuel" ist. Der Verstoß gegen das hier enthaltene Verbot ist eine schreckliche Beleidigung Gottes!

Gebraucht Gott jemals einen solchen Ausdruck der Abscheu wie „dem Herrn ein Gräuel", wenn er vom Zeremonialgesetz redet? Nein. Das Zeremonialgesetz erklärte den Juden, dass bestimmte Dinge *ihnen* ein Gräuel sein sollten. 5. Mose 14 und 3. Mose 11 listen eine ganze Reihe Dinge auf, welche von den Juden als Gräuel betrachtet werden sollten. Beispielsweise das Essen von Schweinefleisch (3. Mose 11,7): „...darum soll es *für euch* unrein sein" oder von Fledermäusen (3. Mose 11,20): „Jedes geflügelte Kleingetier, das auf vier Füßen geht, soll *für euch* ein Gräuel sein." Alle solche Verbote galten im Alten Testament den Juden und haben im Neuen Testament ihre Bedeutung verloren.

Doch wenn Gott sagt: „Es ist *für mich* ein Gräuel!" – wenn Gott ausdrücklich erklärt, dass *er selbst* etwas verabscheut, dann spricht die Schrift von einer groben moralischen Sünde, die auch im Neuen Testament als Sünde bezeichnet werden muss, da Gott selbst sich nicht verändert. Zu solchen „Gräuel-Sünden" zählt zum Beispiel der Götzendienst (vgl. 5. Mose 7,25), ebenso das Opfern von Menschen (vgl. 5. Mose 12,31), Zauberei (vgl. 5. Mose 18,10-12), Mord und Lüge (vgl. Spr. 6,16-19; 12,22).

Wenn Gott also sagt, dass es *ihm* ein Gräuel ist, wenn eine Frau Männerkleidung trägt (und umgekehrt), dann müssen wir daraus schließen, dass es sich nicht um ein Zeremonialgesetz handelt, sondern um ein zeitloses moralisches Gebot. Diese Sünde steht in einer Reihe mit Götzendienst, Ehebruch und Mord.

In diesem Lichte besehen glauben viele der hebräischen Gelehrten, dass 5. Mose 22,5 sich auf die heidnische Praxis bezieht, männliche Prostituierte im Tempeldienst einzusetzen, besonders auf die Praxis des transsexuellen Verkleidens zum perversen Geschlechtsverkehr im Dienste der heidnischen Götter. – Es mag durchaus sein, dass diese üblen Praktiken seinerzeit den primären Anlass für dieses Gebot gegeben haben. Dann ist aber jede Bekleidung, welche den von Gott geschaffenen Unterschied der Geschlechter absichtlich verwischt, eindeutig verkehrt! Die Kleidung des anderen Geschlechts zu tragen kann (vielleicht sogar unbewusst) zum Ausdruck bringen, dass ich nicht bereit bin, den Plan Gottes zu akzeptieren, den er mit mir hatte, als er mich als Frau bzw. als Mann schuf.

Die nächste Frage, die sich stellt, ist: „Was ist Männerkleidung? Was ist Frauenkleidung?" – Diese Schriftstelle geht offensichtlich davon aus, dass der Leser weiß, welche Kleidung zu welchem Geschlecht gehört. Gott gibt uns keine Gebote, die wir nicht halten können, weil wir nicht wissen, was sie bedeuten. Was aus dieser Stelle noch hervorgeht, ist die Tatsache, dass Männer- und Frauenkleidung sich unterscheiden müssen.

In 1. Timotheus 2,9 heißt es (Luther 84): „Desgleichen, dass die Frauen in schicklicher Kleidung sich schmücken..." Das hier verwendete griechische Wort für Kleidung heißt *katastole*. Es kann auch als „langes Gewand" übersetzt werden (über die Länge werden wir später noch sprechen, zunächst wollen wir beachten, dass es sich hier um ein Gewand handelt).

Dieser Vers geht also davon aus, dass Frauen Gewänder tragen.

Ich weiß nur von einer Situation in der Bibel, in der den Männern gesagt wird, dass sie Hosen tragen sollen: die Priester mussten „Beinkleider" anziehen um ihre Blöße zu bedecken, wenn sie die Stufen zum Altar hinaufgingen; diese „Kniehosen" reichten „von den Hüften bis an die Schenkel" (2. Mose 28,42).

Der Vers 1. Timotheus 2,9 mag bei uns die Frage aufwerfen, ob Gott hier nur deswegen vom „Gewand" spricht, weil in der damaligen Kultur die Frauen eben Gewänder getragen haben. Dem ist wahrscheinlich nicht so, denn Gottes Wort ist ewig (vgl. Ps. 119,89; 1. Petr. 1,23). Es ist in unserer Zeit der hoch entwickelten Technologie und dicht bevölkerten Städte genauso anwendbar wie für die Menschen vor Tausenden von Jahren in einer einfachen Agrarkultur und ländlichen Umgebung.

Die Heilige Schrift betont außerdem sehr stark, dass wir uns nicht an den Maßstäben dieser Welt orientieren dürfen, wenn diese die Normen Gottes missachten (vgl. Röm. 12,1-2). Einige der schärfsten Anklagen richtete Jesus gegen die Menschen, die Menschengebote für Gottes Maßstab erklärten (vgl. Mk. 7,7). Gott hatte nicht deswegen befohlen, dass alle Frauen jener Stadt Gewänder tragen sollten, weil er sah, dass alle Frauen in der Gemeinde des Timotheus Gewänder trugen!

Es gibt durchaus Zugeständnisse in der Schrift, die – in nicht-moralischen Fragen – den Menschen je nach ihrer Herkunft gemacht werden. Beispielsweise war das

Ergebnis des Apostelkonzils in Jerusalem (vgl. Apg. 15), dass die heidnischen Christen sich so verhalten sollten, dass sie die jüdischen Gläubigen nicht beleidigten; die jüdischen Christen wiederum sollten den heidnischen nicht ihre Zeremonien aufzwingen. Doch was auch immer 1. Timotheus 2,9 bedeuten mag, es ist mehr als ein Gebot an die Frauen des ersten Jahrhunderts in ihrer Kultur. Es gilt genauso den Frauen hier und heute.

Doch die Bibel redet ja auch davon, dass die Männer Gewänder trugen. Das griechische Wort *stole* wird für das Gewand der Frauen ebenso wie auch für dasjenige der Männer benutzt. Wie kann es also einen Unterschied geben, wenn sowohl Männer als auch Frauen Gewänder trugen?

Einen Hinweis dazu finden wir in dem griechischen Wort *katastole*, das in der Heiligen Schrift nur ein einziges Mal erwähnt wird und sich auf die Frauenkleidung bezieht. Der Griechischkenner weiß, dass dieses Wort „etwas regelrecht Herabfallendes, also ein frei fallendes Gewand" meint. Das scheint auch ein Hinweis darauf zu sein, dass ein Frauengewand wesentlich länger war als ein Männergewand.

Einen weiteren Hinweis finden wir in 5. Mose 22,5. Das für den Begriff „Kleider" benutzte Wort ist das hebräische *simlah*. Im Gegensatz zu einem (Unter-) Hemd meint *simlah* das „äußere Gewand". Diese Bedeutung legt einen offensichtlichen, quasi sofort erkennbaren Unterschied nahe, der zwischen den Frauen- und Männerkleidern erkennbar sein sollte. Der Umriss, der Gesamteindruck sollte auf einen Blick verraten, ob ich es mit einem Mann oder einer Frau zu tun habe.

Das Lexikon *„Zondervan's Pictoral Dictionary"* schreibt im Artikel über hebräische Frauenkleidung (S. 227): „Einige weibliche Kleidungsstücke trugen denselben Namen und waren nach dem gleichen Grundmuster gemacht, doch es gab immer einen ausreichenden Unterschied in der Ausprägung, in der Stickerei und der Nadelarbeit, sodass eine klare Abgrenzungslinie im Erscheinungsbild deutlich erkennbar war" (aus dem Amerikanischen übersetzt).

In abgelegenen Teilen der heutigen arabischen Länder, wo sich an der Kleidung seit biblischen Zeiten nicht viel geändert hat, trifft diese Aussage immer noch zu. Obwohl die traditionellen Araber sich alle in Gewänder kleiden, lässt ihr Erscheinungsbild keinen Zweifel darüber aufkommen, ob es sich um einen Mann oder um eine Frau handelt. Die gesamte Silhouette ist unterschiedlich.

Eines Tages diskutierten unsere Kinder am Tisch über ein Bild, auf dem ein Junge abgebildet war. Oder war es doch ein Mädchen? Er trug ein Sporthemd und eine blaue Jeanshose – aber was sagt das heutzutage schon? Sein (oder ihr?) Haar war lang und wellig, mit hübschen Locken. An den Füßen trug er (oder sie) ausgefranste Halbschuhe. Ich war mit meinen Töchtern ganz einverstanden – kein Junge konnte so hübsche Locken haben! Doch mein Sohn gewann den Streit: „Es ist ein Junge", sagte er bestimmt. „Er sitzt auf einem Jungenfahrrad!"

Bedeutet der Vers in 5. Mose 22,5, dass eine Frau zu keiner Zeit Hosen tragen sollte? In unserem Land tragen die meisten Frauen Hosen. Und wenn die meisten Frauen Hosen tragen – wird die Hose dadurch nicht automatisch zur Frauenkleidung?

Man könnte es durchaus annehmen. Doch wenn männliche und weibliche Kleidung sich voneinander unterscheiden sollen, wie kann dieser Unterschied in der Hose verwirklicht werden? Nicht durch die Farbe – Pastellfarben sind nicht mehr allein für Frauen reserviert; Farbe allein drückt noch keine Weiblichkeit aus.

„Mein Reißverschluss ist auf der Seite und nicht vorne", erklärte mir eine Frau. „Ich habe meine Hose für mich genäht, da kannst Du nicht sagen, sie wäre Männerkleidung!" – Doch wird die Hose dadurch der Erwartung Gottes gerecht, die Frau auf den ersten Blick als Frau erkennbar zu machen? Um die Wahrheit zu sagen, du wärst nicht froh darüber, wenn Männeraugen deine Hose auf der Suche nach dem Reißverschluss abtasten würden!

„Aber Hosen sind viel bequemer als Röcke!“, wirst du vielleicht sagen. Doch deine Bequemlichkeit ist zweitrangig. Du magst es in Hosen wirklich bequemer haben, doch sollte unsere Bequemlichkeit wirklich unsere größte Sorge sein? Hundertmal am Tag entscheiden wir uns für unbequeme – aber richtige Dinge. Es wäre doch an jedem Morgen bequemer im Bett zu bleiben und dennoch stehen wir auf.

„Aber Hosen sind keuscher als die meisten Röcke, welche die Frauen heute tragen. Ist es nicht besser, Hosen zu tragen, als sich unkeusch anzuziehen? Ist die Hose nicht das kleinere Übel?“ (In einem späteren Kapitel werden wir darüber reden, ob die Hose wirklich keuscher ist als ein Rock. Ich weiß, dass ich schon das dritte Mal eine Frage auf später aufschiebe. Du ahnst ja nicht, wie schwer es ist, dieses Buch zu strukturieren! Doch an dieser Stelle wollen wir uns erstmal mit der Frage beschäftigen, ob die Hose wirklich das kleinere von zwei Übeln ist.) Charles H. Spurgeon sagte: „Wenn du zwischen zwei Übeln wählen musst, entscheide dich gegen beide!“

Ist es besser sich unkeusch anzuziehen oder männlich wirkende Kleidung zu tragen? Spurgeon sagt: „Keins von beiden!“ Du musst nicht zwischen Unkeuschheit und Unweiblichkeit wählen. Du kannst keusch und weiblich sein!

Wenn es um eine moralische Entscheidung geht, dann lasst uns keine Alternativen zur Wahl offen lassen, welche etwas Falsches beinhalten. Wenn du den Eindruck hast, dass du von zwei Übeln das Geringere wählen musst, dann hast du noch nicht alle Alternativen überdacht. Du hast immer auch eine andere Wahl, irgendwo und irgendwie, sodass du gegen kein Gebot Gottes verstoßen musst. Er verspricht in 1. Korinther 10,13, dass er einen Ausweg aus der Versuchung bereithält. Gott hält immer sein Wort. Es gibt immer einen Weg zur Problemlösung ohne den Zwang, etwas Verkehrtes wählen zu müssen. Manchmal wirst du dafür sicherlich sehr kreativ werden müssen (vielleicht auch schneidern und nähen, ich verspreche dir nicht, dass der richtige Weg einfach für dich sein wird!). Doch du *kannst* Kleidung finden, die sowohl weiblich als auch keusch ist – und praktisch.

„Aber mein Mann mag es, wenn ich Hosen trage!", rufst du vielleicht aus, denn du weißt, dass ich auch das (genauso unbequeme) Buch „Unterordnung – Einschränkung oder Privileg" geschrieben habe. Du weißt, dass ich glaube, dass Gott will, dass wir unseren Männern gehorchen. – Mag er dich vielleicht deswegen in Hosen sehen, weil du dann lustiger und ungehemmter bist? Machen dich die Hosen in seinen Augen zu seinem vertrauten Kumpel? Das kannst du ihm auch in anderer Kleidung schenken!

Wenn du dich deinem Mann in allen Dingen ernsthaft unterordnest – und nicht nur darin, wo deine Wünsche sich mit seinen Vorstellungen decken – dann bin ich mir sicher, dass er deine persönliche Überzeugung in dieser Frage respektieren wird. Mein Ehemann denkt in der Frage der „Frauenhose" nicht so „streng" wie ich, aber er schätzt meine Beziehung zum Herrn und würde mich auf keinen Fall dazu veranlassen wollen, etwas gegen mein Gewissen zu tun.

„Aber", wirst du mir vielleicht entgegenhalten, „du nimmst einen winzig-kleinen Bibelvers aus dem Alten Testament und machst eine Staatsangelegenheit daraus! Wenn dieser Vers so wichtig wäre, wie du behauptest, würde Gott dieses Gebot nicht irgendwo in der Bibel wiederholen?" – Dieses Gebot wird in der Schrift nirgends wiederholt. Aber es gründet sich auf das biblische

Prinzip jeder Mann-Frau-Beziehung. – Doch auch wenn dieses Gebot nicht wiederholt wird, müssen wir uns fragen: „Wie oft muss Gott eine Sache wiederholen, damit wir anfangen ihm zu gehorchen? Zweimal? Dreimal? Reicht ein klares Gebot nicht aus, um uns zu zeigen, wie Gott denkt? Wenn wir beim ersten Mal nicht auf ihn hören, würden wir es beim zweiten oder dritten Mal tun?"

Ist es vielleicht „gesetzlich", diesem kleinen Element der Schrift Gehorsam zu leisten, statt „aus der Gnade zu leben"? Ich denke nicht. Jeden Tag muss ich Entscheidungen über meinen Lebensstil treffen, um Versuchungen zu vermeiden – doch nicht um Gottes Anerkennung zu verdienen, sondern einfach deswegen, weil er mich mit seiner Gnade überschüttet hat!

Eine meiner Töchter sagte zu mir: „Aber Mama, viele Frauen sehen diese Sache ganz anders und sie sind genauso gute Christinnen wie du!" – Das ist vollkommen wahr! Es handelt sich hierbei um eine Entscheidung, die du für dein eigenes Leben treffen musst, während du die Bibel studierst und einen Einblick in Gottes Herz bekommst. Dabei zieht Gott mich selbst zur Verantwortung für die Entscheidungen, die ich treffe, wenn ich sein Wort lese – unabhängig davon, wie andere darüber denken!

Vielleicht können einige Prinzipien aus Römer 14 dir helfen, eine klare Entscheidung für dein eigenes Leben zu treffen. Dieses Kapitel ist an Christen gerichtet, die in gewissen Fragen des Glaubens verschiedener Meinung sind.

Zunächst müssen wir lernen, dass es falsch ist, jemanden für eine Entscheidung zu verurteilen oder zu verachten, die er getroffen hat, um Gott damit zu dienen: „(3) Wer isst, verachte den nicht, der nicht isst; und wer nicht isst, richte den nicht, der isst; denn Gott hat ihn angenommen. (4) Wer bist du, daß du den Hausknecht eines anderen richtest? Er steht oder fällt seinem eigenen Herrn ... (10) Du aber, was richtest du deinen Bruder? Oder du, was verachtest du deinen Bruder? Wir werden ja alle vor dem Richterstuhl des Christus erscheinen".

Zweitens wird jeder von uns sich persönlich vor Gott verantworten müssen: „(11) denn es steht geschrieben: »So wahr ich lebe, spricht der Herr: Mir soll sich jedes Knie beugen, und jede Zunge wird Gott bekennen«. (12) So wird also jeder von uns für sich selbst Gott Rechenschaft geben..."

Drittens sollen wir darauf achten, dass durch unseren Wandel niemand zur Sünde verleitet wird: „(13) Darum lasst uns nicht mehr einander richten, sondern das richtet vielmehr, dass dem Bruder weder ein Anstoß noch ein Ärgernis in den Weg gestellt wird! ... (15) Wenn aber dein Bruder um einer Speise willen betrübt wird, so wandelst du nicht mehr gemäß der Liebe. Verdirb mit deiner Speise nicht denjenigen, für den Christus gestorben ist! (16) So soll nun euer Bestes nicht verlästert werden. (17) Denn das Reich Gottes ist nicht Essen und Trinken, sondern Gerechtigkeit, Friede und Freude im Heiligen Geist;..."

Und zum Schluss: Wir dürfen unser Gewissen nicht vergewaltigen. „(22) Du hast Glauben? Habe ihn für dich selbst vor Gott! Glückselig, wer sich selbst nicht verurteilt in dem, was er gutheißt! (23) Wer aber zweifelt, der ist verurteilt, wenn er doch isst, weil es nicht aus Glauben geschieht. Alles aber, was nicht aus Glauben geschieht, ist Sünde."

Die Frage der Frauenkleidung sollte die Christenheit nicht spalten. Auch ist die Gottesfurcht einer Frau nicht einzig und allein an ihrer Kleidung abzulesen – eine lieblose Haltung gegenüber Andersdenkenden wäre genauso sündig wie jeder andere Ungehorsam!

„Aber Libby", rufst du jetzt vielleicht in letzter Verzweiflung, „ich mag einfach nicht Röcke tragen!" – Und damit kommen wir vielleicht zu dem eigentlichen Problem! Warum magst du nicht lieber Röcke tragen als Hosen? Weil Hosen bequemer sind? Weil sie eleganter sind? Oder gibt es da vielleicht ein tiefer liegendes Problem, dessen du dir noch gar nicht bewusst bist?

Eines Tages suchte ich in einer Bibliothek bestimmtes Material, da stieß ich in einem vergilbten Jahrbuch von 1933 auf ein Foto von Marlene Dietrich, während einer Vorstellung in einem Nachtclub auf einem Konzertflügel sitzend. Der Text unter dem Bild sagte, Miss Dietrich wäre die erste Frau, die sich öffentlich in Männersachen kleidete (das war nicht ganz korrekt, die Geschichte berichtet uns von vielen Frauen, die vor ihr Männerkleider getragen haben). Als sie gefragt wurde, warum sie dies tue, antwortete sie: „Weil ich es satt bin, dass den Männern der ganze Spaß im Leben gehört!"

Eine Freundin von mir war in einem der größten Warenhäuser Atlantas einkaufen. Sie war erstaunt darüber, dass es dutzende Regalstangen mit Hosen gab und nur eine einzige mit Röcken. Sie sprach eine Verkäuferin darauf an, worauf diese erwiderte: „Wir Frauen werden letztlich zu unserem Recht kommen, darauf kannst du Gift nehmen! Wir werden es nicht länger dulden, von Männern hin- und hergeschoben zu werden."

Manchmal ist es eben sehr offensichtlich, dass eine Frau sich für die Hose entscheidet, weil sie sich mit der Rolle, die Gott liebevoll für sie vorgesehen hat, nicht zufrieden geben will. Die Frage: „Wer hat im Haus die Hose an?" bringt zum Ausdruck, dass derjenige, der die Hose trägt, auch das Sagen hat. Diese familiäre Führungsrolle hat Gott dem Mann anvertraut.

Deine Kleidung drückt deine Einstellung gegenüber Autoritäten aus. Sie offenbart, wie du es findest, eine Frau zu sein. Gott möchte, dass sogar deine Kleidung es unmissverständlich zum Ausdruck bringt, dass du glücklich darüber bist, dass er dich als Frau geschaffen hat.

Deine Kleidung sollte es für dich sagen: „Ich bin gerne eine Frau und genieße diese Stellung. Ich unterstelle mich gerne dem Willen Gottes für mein Leben."

Kapitel 8
Was lehrt 1. Korinther 11 über die Haarlänge?

„Oder lehrt euch nicht auch selbst die Natur, dass, wenn ein Mann langes Haar hat, es eine Unehre für ihn ist? Wenn aber eine Frau langes Haar hat, es eine Ehre für sie ist?" 1. Korinther 11,14-15a

Wir haben im sechsten Kapitel darüber gesprochen, dass die „Natur" – eine angeborene Veranlagung – uns bestimmte Dinge lehrt. (Ebenso auch darüber, dass dieses angeborene Bewusstsein durch die Auflehnung gegen Gott verloren gehen kann.) Die oben genannten Verse sagen nun, dass diese „Natur" uns lehrt, dass eine Frau langes Haar haben soll.

Aber wie lang ist „langes Haar"? Einen Hinweis finden wir in 1. Kor. 11,6b: „... wenn es aber für eine Frau schändlich ist, dass ihr das Haar abgeschnitten oder sie geschoren werde..." – Offensichtlich hängt das Ausmaß der Schändlichkeit nicht davon ab, ob das Haar „abgeschnitten" oder „geschoren" (rasiert) ist. Beides ist schändlich. Das Gegenteil von „abgeschnitten" ist „nicht geschnitten".

Es ist ganz natürlich, dass nicht alle Frauen gleich lange Haare haben. Auch können wir aufgrund dieser Schriftstelle nicht behaupten, dass das Frauenhaar völlig ungehindert wachsen gelassen werden muss und nicht einmal zur natürlichen Pflege beschnitten werden darf. Doch sollte die Haarlänge den Unterschied zwischen Mann und Frau deutlich zum Ausdruck bringen.

Männerhaar soll eindeutig kurz und Frauenhaar eindeutig lang sein. Was an einem Mann als „langes Haar" gilt, ist nicht unbedingt „langes Haar" für eine Frau!

Die Haarlängen sollten sich sehr deutlich voneinander unterscheiden. – Wie kurz soll das Männerhaar denn sein? So kurz, dass es keine Frage ist, dass er ein Mann ist und keine Frau.

Absalom, der Sohn Davids, der ihm das Königtum entreißen wollte, war ein echter Rebell. Sein langes Haar war sein Stolz und Zeichen seiner Rebellion. Nur einmal im Jahr ließ er es scheren (vgl. 2. Sam. 14,26). In dem von ihm angezettelten Bürgerkrieg wurde er besiegt. Er floh auf einem Maultier, doch sein langes, üppiges Haar verfing sich in den Ästen einer großen Terebinthe (vgl. 2. Sam. 18,9). Das Maultier rannte weiter und Absalom blieb hängen, bis Joab ihn fand und tötete.

Absaloms langes Haar, das Zeichen seiner Rebellion, brachte ihm den Tod.

Etwas verwirrend erscheint uns vielleicht die Anweisung bezüglich der Nasiräer aus 4. Mose 6. Ein Mann konnte den Eid ablegen, sich eine Zeit lang ganz besonders für den Herrn zu heiligen. Während dieser Zeit durfte sein Haar nicht geschnitten werden. Erst am Ende dieser Zeit sollte er mit einem Opfer zum Tempel kommen und sein Haar scheren lassen, als Zeichen dafür, dass er seinen Eid abgeleistet hatte. Manche Männer der Bibel waren sogar ihr Leben lang Nasiräer, weil Gott sie dazu bestimmt hatte: Samuel, Simson und Johannes der Täufer. Da die Natur uns lehrt, dass langes Haar für einen Mann eine Schande ist, musste dieser Eid eine beschämende Wirkung für den Nasiräer haben, vielleicht als Symbol dafür, dass er „die Schmach Christi trug" (Hebr. 13,13).

Ein Nasiräer brachte durch seine langen Haare keine Rebellion ans Licht, anders als z.B. Jerry Rubin[1] es sagte:

---

[1] *Anm. d. Übers.:* Ein bedeutender Aktivist der Youth International Party (deren Anhänger als Yippies bekannt waren, eine Variante von „Hippies"). Die Youth International Party war in den 1960ern eine hoch theatralische politische Partei in den USA. Als ein Ableger der Free Speech Movement und der Anti-Kriegs-

„Kleine Kinder bringen kurzes Haar mit Autorität, Disziplin, Unglücklichsein, Langeweile und Lebensverdruss in Verbindung, langes Haar dagegen mit ungezügelter Freiheit. Wohin wir auch gehen, unser [langes] Haar erzählt den Leuten, wie wir zum Vietnamkrieg standen, oder zu Wallace[2]*, oder zur Studentenrevolte und zu Drogen. Wir sind lebendige Werbeträger der Kulturrevolution. Das lange Männerhaar ist der Anfang unserer Befreiung aus der geschlechtlichen Unterdrückung."*

Ich besuchte einmal eine Freundin, deren erwachsener Sohn lange Haare und eine wilde, schmutzige Frisur hatte. Er war gerade einige Zeit bei seinen Eltern zu Besuch. Da wir uns sehr gut kannten und er wusste, dass ich ihn gern hatte, und da ich den Kummer in den Augen seiner Eltern sah, fragte ich ihn unter vier Augen: „Welche Bedeutung haben deine langen Haare?"

„Die haben keine Bedeutung. Ich mag es einfach, sie so zu tragen."

„Du meinst, sie geben überhaupt keine Botschaft weiter?"

„Nicht im Geringsten."

Bewegungen in den 1960ern stellten die Yippies eine jugendlich orientierte anarchistische gegenkulturelle Alternative zu der prüden Ernsthaftigkeit dar, welche oft mit den Vertretern solcher Bewegungen assoziiert wird. Sie setzten medienwirksame Gesten ein, wie zum Beispiel die Ernennung des Schweines „Pigasus, der Unsterbliche" zum Präsidentschafts-Kandidaten 1968, um den sozialen Status quo zu verhöhnen.

Neben Abbie Hoffman war Jerry Rubin der berühmteste Yippie und auch einer der erfolgreichsten Autoren, teilweise durch die Publicity um die über fünf Monate andauernde „Chicago Seven"-Verschwörungsklage von 1969. Hoffman und Rubin waren wohl die schillerndsten der sieben Angeklagten. Die Anklage: Kriminelle Verschwörung und Volksaufhetzung bei der 1968er Democratic National Convention. Hoffman und Rubin benutzten die Verhandlung als Plattform für ihre Yippie-Possen. Zum Beispiel erschienen sie einmal vor Gericht in Richter-Roben.

Quelle: Wikipedia, Artikel Youth International Party (17.03.2006)

[2] *Anm. d. Übers.:* Der Präsidentschaftanwärter (1972) und Gouverneur von Alabama George Wallace war ein erklärter Gegner der Integration, der Rassenvermischung und der meisten liberalen Interessen. Quelle: politics1.com

„Du versuchst nicht deinen Eltern dadurch zu zeigen, dass du nicht als ein Christ angesehen werden möchtest?“ (Ich wusste, dass er sich nicht mehr für einen Christen hielt.)

„Nein.“

„Und du trägst deine Haare auch nicht deswegen, weil deine Freunde es tun?“

„Nein, was sie denken ist mir völlig gleichgültig.“

„Wunderbar! Wenn das lange Haar nichts bedeutet und es dir egal ist, was andere denken, warum lässt du es nicht schneiden, wenigstens für die Zeit, die du zu Hause bist? Ich bezahle dir den Friseur. Du siehst doch, wie viel Kummer du deinen Eltern damit bereitest.“

„Niemals!“, sagte er wütend – was alle seine Worte zunichte machte. Sein langes Haar war Symbol seiner Rebellion.

Hatte Jesus lange Haare? Auf Bildern hast du ihn bestimmt mit langen Haaren gesehen, aber diese sind aus der Fantasie heraus entstanden. Manche nehmen an, Jesus legte einen Nasiräer-Eid ab (vgl. 4. Mose 6) und trug deswegen lange Haare. Doch die Heilige Schrift sagt nur, dass er ein Nazaräer (Mann aus Nazareth) war, kein Nasiräer.

Auch war es in der damaligen Kultur nicht üblich für Männer lange Haare zu haben. Wenn wir alte griechische und römische Statuen betrachten, so finden wir hauptsächlich Darstellungen von Männern mit kurzen Haaren. Viele altrömische Münzen zeigen uns Abbilder der Kaiser mit sehr kurzen Haaren. In Museen in London, Rom, Kairo und Israel zeigen Malereien und Skulpturen Männer aus biblischen Zeiten mit kurzem Haar. Es gibt keinen Hinweis dafür, dass Jesus langes Haar hatte.

Kommen wir nun zurück zu uns Frauen. Du wirst vielleicht sagen: „Aber kurzes Haar sieht hübscher aus als langes!“ Das ist jedoch Geschmackssache. Andere finden langes Haar hübscher. Doch was wir hübsch finden, ist nicht das Maß aller Dinge! Es geht darum, was Gott dazu sagt.

Das lange Haar soll selbstverständlich gut gepflegt, gründlich gekämmt und angenehm geordnet sein. Lang und hässlich ist sicher nicht das Gleiche!

„Aber kurzes Haar ist einfacher ordentlich zu halten", entgegnet mir eine Freundin. Das mag wohl stimmen, wobei ich lieber einen fairen Vergleich anstellen würde, denn auch Frauen mit kurzen Haaren brauchen manchmal mehrere Stunden in der Woche um ihre Haare zu frisieren. Dennoch würde ich diese Entscheidung nicht davon abhängig machen, was einfacher ist.

Als Arauna dem König David alles schenken wollte, was dieser brauchte, um Gott ein Opfer zu bringen, sagte David entschieden: „Nein, sondern kaufen will ich es von dir um einen Preis, und ich will dem HERRN, meinem Gott, nicht umsonst Brandopfer opfern. Und David kaufte die Tenne und die Rinder um fünfzig Schekel Silber" (2. Sam. 24,24).

Ich muss ehrlich sagen, ich finde es nicht immer einfach, langes Haar zu pflegen. Es braucht Geschicklichkeit und Geduld, es so zu kämmen und zu ordnen, dass es nett und angenehm bleibt. Ich garantiere nicht, dass lange Haare pflegeleichter oder attraktiver sind. Ich möchte nur sagen: Wenn eine Frau sich auf den Weg macht, Gott zu gefallen, dann hat sie immer die Gewissheit, dass Gott ein offenes Ohr für sie hat, wenn sie betet.

Vielleicht sind wir uns nun einer Meinung darüber, was diese Verse über die Länge des Frauenhaares lehren. Du könntest fragen: „Aber was mache ich jetzt, wo mein Haar schon kurz geschnitten ist?"

Die Geschichte von Simson (vgl. Richter 16) gibt uns einen Hinweis. Schon vor seiner Geburt sagte ein Engel zu Simsons Eltern, dass seine Haare niemals geschnitten werden sollten. Nachdem Delilah ihn betrogen hatte und ihm die Haare abgeschnitten wurden, „wich der HERR von ihm“ (Richter 16,20). Simson verlor seine gewaltigen Kräfte. Die Philister stachen ihm die Augen aus und ließen ihn im Gefängnis die Mühle drehen.

Dann heißt es in Richter 16,22: „Aber das Haar seines Hauptes begann wieder zu wachsen, sobald es geschoren war.“ Gott stellte Simsons Kraft wieder her und gewährte ihm durch seinen Tod einen größeren Sieg als er in seinem Leben hatte (vgl. Verse 28-30). Offensichtlich hatte Simson seine Sünde bekannt, Gott vergab ihm und gab sich mit dem Haar zufrieden, dass nun nachzuwachsen begann.

Mir scheint, dass Gott sich auch dann schon freut, wenn eine Frau, die kurzes Haar getragen hat, sich entschließt, es wieder wachsen zu lassen.

Kapitel 9
Worin eine Frau Männer nicht verstehen kann

Mein Mann und ich spazierten durch eine enge Straße von Damaskus, angeführt von einem eifrigen arabischen Führer. „Gleich werden wir den fabelhaften Palast von Azam sehen", kündigte er an. Doch als wir vor dem „Palast" standen, sahen wir nur eine unansehnliche hohe Steinmauer, überschattet von alten römischen Ruinen und einem Minarett.

Unser Reiseführer merkte uns die Enttäuschung an und lächelte zuversichtlich. „Keine Sorge! Es wird so schön, wie ich es euch gesagt habe. Damaskus hat jedem Welteroberer im Weg gestanden, darum haben wir gelernt, unseren kostbarsten Besitz zu verstecken, um nicht die Begierde der Eindringlinge zu wecken." Seine dunklen Augen wurden milder. „Deswegen sind auch unsere Frauen verschleiert. Sie sind unser kostbarster Besitz und wir wollen nicht, dass Eindringlinge sie begehren."

Wir gingen durch ein anspruchslos gebautes Tor und schritten hinein in einen Traum von Schönheit und Zierde. Das Herzstück des Platzes war ein Innenhof von unbeschreiblicher Pracht. In der Mitte sprudelte Wasser aus einem Springbrunnen. In einem schattigen Winkel sang im goldenen Käfig eine Nachtigall. Der Innenhof war von drei Seiten mit prachtvollen Gebäuden umgeben, verziert mit Säulen aus geschliffenen Versteinerungen, bedeckt mit Gold und Edelsteinen. Im Inneren waren ganze Räume mit Möbeln aus Perlmutt ausgestattet. Es war eine Schönheit sondergleichen. Wir begannen selbst zu hoffen, dass kein Eindringling diese Schönheit entdeckte, sie begehrte und zerstörte.

Unser Reiseführer hatte gesagt: „Deswegen sind auch unsere Frauen verschleiert. Sie sind unser kostbarster Besitz und wir wollen nicht, dass Eindringlinge sie begehren."

Wir haben ganz am Anfang des Buches festgestellt, dass Adam und Eva vor dem Sündenfall im Garten Eden nackt waren und sich nicht schämten. Aber das Erste, was sie nach dem Sündenfall taten, war, sich selbst Kleidung aus Feigenblättern anzufertigen, um ihre Blöße zu bedecken.

Als sie sündlos waren, brauchten sie keine Kleidung. Als sie Sünder wurden, konnten sie ihre Nacktheit nicht ertragen, sie schämten sich und waren sich dessen bewusst, dass ihre sündigen Körper bedeckt werden mussten.

Es ist Gottes Plan, dass Mann und Frau ihre Körper gegenseitig genießen sollen. Wenn wir das Hohelied Salomos lesen, merken wir, dass Gott es vorgesehen hat, dass Mann und Frau ihre Liebe zueinander im ehelichen Akt zum Ausdruck bringen. Sie werden darin zu „einem Fleisch". Das ist etwas sehr Geheimnisvolles, vor allem, wenn man bedenkt, dass Gott die eheliche Liebe als Bild gebraucht, um in Epheser 5 zu beschreiben, wie sehr er uns liebt. Er sagt dort: „das Geheimnis ist groß" (Vers 32), und das ist wahr.

Aber mit dem Eintritt der Sünde in die Welt wurden alle guten Gaben Gottes entstellt und verunreinigt. Diese wunderbare Beziehung der reinen Liebe wurde vom Teufel nachgeahmt und betrügerisch gefälscht. Er möchte die unendliche, heilige Liebe eines Mannes zu seiner Frau durch Lust ersetzen, diese Leidenschaft, die nur den Körper begehrt ohne Rücksicht auf den Geist der Person zu nehmen.

Satan will die eheliche Beziehung zerstören, wo er nur kann, damit man in ihr nicht mehr das Bild der aufopfernden Liebe Christi erkennen kann und damit arme Sünder denken, das Glück liege darin sein Fleisch zu befriedigen.

Seit dem Sündenfall kann eine Frau nicht nackt in die Welt gehen ohne sich zu schämen. Ihr nacktes Erscheinen könnte schnell einen Mann dazu verleiten, sie zu begehren und ihn somit zur Sünde verführen (vgl. Mt. 5,28). Eine Frau sollte diese Wahrheit niemals vergessen, wenn sie ihren Körper kleidet. Sie geht in eine Welt, die durch die Sünde entstellt ist. Sie sollte niemals durch ihre unkorrekte Kleidung sündhafte Begierden entfachen.

Ich möchte gleich einige sehr aussagekräftige Statistiken aufführen, doch bevor ich das tue, möchte ich ausdrücklich und unmissverständlich sagen, dass ein Mann niemals das Recht dazu hat, eine Frau zu vergewaltigen, wie auch immer diese gekleidet ist. Man kann ein solches Verbrechen durch nichts entschuldigen. Viele Frauen wurden vergewaltigt, obwohl sie völlig unschuldig daran waren. Ich möchte mit diesen Statistiken niemandem Schuld zuschieben, bei dem keine vorliegt.

Doch lass uns nun zu den Statistiken kommen.

Das *Atlanta Journal* (03.03.1970) machte durch *Hollywood Social Studies* eine Umfrage unter den höchsten Polizeibeamten in fünfzig Staaten. Es haben sich folgende Zahlen ergeben:

- 90% glauben, dass Mädchen in Miniröcken in viel höherer Gefahr stehen, Opfer einer Vergewaltigung zu werden.
- 94% denken, dass Statistiken, die von zunehmender Belästigung junger Mädchen sprechen, auf die kürzeren Kleider zurückzuführen seien, die zur Zeit getragen werden.
- 98% sagen, dass provokative Kleidung – kurze Röcke eingeschlossen – Männer zu Sexualdelikten anreizen kann.
- Ein Befragter sagte: „*Röcke, die beim Sitzen eine Entkleidungsnummer darbieten oder versprechen, indem sie einen*

Blick in die Nähe der Intimbereiche erlauben, stellen die Person in ein fragwürdiges Licht und machen sie häufig zum Ziel von unmoralischen Annäherungsversuchen oder Kommentaren, häufig auch zum Opfer von sexueller Kriminalität."

Nachdem in den fünf Jahren bis 1963 die Zahl der Vergewaltigungen gesunken war, schnellte sie 1964 plötzlich in die Höhe – um 68% in den USA und um 90% in England. Die Berichterstattung sagt, einer der Gründe dafür könnte der von der britischen Designerin Mary Quant eingeführte Minirock sein. (Sie selbst sagte, sie hätte den Minirock entworfen, um anzuzeigen, dass sie jederzeit bereit sei, mit einem Mann ins Bett zu steigen, ob tags oder nachts.) Der Bericht der *Hollywood Social Studies* schloss mit den Worten: „Es konnte keine andere ausreichende Erklärung für diesen absonderlichen Umschwung gefunden werden."

Es ist wahr, dass eine unbedachte Zurschaustellung des weiblichen Körpers die Leidenschaft eines männlichen Körpers derart entfachen kann, dass manchmal eine andere Frau, die sich selbst gar nicht zur Schau gestellt hat, das Trauma einer Vergewaltigung erleidet, weil diese Leidenschaft außer Kontrolle geraten ist.

Das ist der Grund, warum 1. Timotheus 2,9 sagt, „dass die Frauen in bescheidenem Äußeren *mit Schamhaftigkeit* und Sittsamkeit sich schmücken..." Dieser Vers nennt die verschiedensten Aspekte der Kleidung und hilft uns den Willen des Herrn zu verstehen.

Wir sollen uns „bescheiden" kleiden. Das griechische Wort ist *kosmios*: „ordentlich, schicklich, geziemend, anständig, korrekt". Das Wort für Kleidung *(katastole)* haben wir bereits untersucht. Es meint ein „langes Kleid" oder „herabfallen".

Das Wort „Schamhaftigkeit" ist noch auffälliger. Es ist das griechische Wort *aidos*, welches auch mit „Ehrfurcht" übersetzt werden kann. Dieses Wort wird in der Bibel sonst nur in Hebräer 12,28-29 benutzt und ist dort mit

„Furcht“ übersetzt: „... Gott wohlgefällig dienen ... mit Frömmigkeit und Furcht. Denn unser Gott ist ein verzehrendes Feuer.“ Wir müssen Gott „mit Furcht“, oder „mit Schamhaftigkeit“ dienen, weil er ein „verzehrendes Feuer“ ist. Wir dürfen nicht anmaßend und vermessen vor ihn treten.

Thayer's Greek Lexicon sagt, *aidos* habe eine „objektive“ Bedeutung, d.h., es nimmt Rücksicht auf andere. Das gibt zu verstehen, dass eine Frau beim Anziehen ein Bewusstsein dafür haben soll, wie ihre Kleidung auf andere wirkt. Trench, ein anderer Griechischgelehrter, sagt, dieses Gefühl der Scham beugt einer Handlung vor, derer man sich schämen müsste. Eine Frau sollte sich mit „Schamhaftigkeit“ kleiden, sie soll Verantwortung dafür spüren, wie sie auf andere wirkt.

Ältere Frauen sollen die jüngeren ermahnen, „besonnen“ zu sein (Titus 2,5). Das ist das griechische Wort *sophron*, „von lauterem Sinn, gutem Geschmack, Urteilsvermögen, Gespür“. Eine Frau sollte mit klarem Verstand auf ihr Verhalten achten.

Was in 1. Timotheus 5,14 über die jüngeren Witwen gesagt wird: „So will ich nun, dass jüngere Witwen heiraten, Kinder gebären, den Haushalt führen und dem Widersacher keinen Anlaß zur Lästerung geben“, gilt auch für alle Frauen: Eine aufrichtige Christin verhält sich weise und ist sich dessen bewusst, dass eine verkehrte Handlung den Namen Christi in Verruf bringt.

Die Bibel bezeichnet die Geschlechtsorgane häufig als die „Scham“ (z.B. 5. Mose 25,11). Die Geschlechtsorgane sind also nicht „schamhaftig“. Sie sind ein Teil des göttlichen Planes, ein Teil seiner Schöpfung. Sie sind gewissermaßen „heilig“ in dem Sinn, dass sie abgesondert, „nicht öffentlich“ sind. Sie dürfen nicht durch achtlose Zurschaustellung oder „Verallgemeinerung“ banalisiert und entwürdigt werden.

Der Gedanke dieser Verborgenheit ist übrigens so eng

an die Jungfräulichkeit geknüpft, dass es im Hebräischen nur ein Wort dafür gibt. *Almah* bedeutet „Jungfrau", aber auch „Verborgenheit".

Eine Frau hat also die Verantwortung, ihren Körper sorgfältig zu verhüllen. Doch warum sind so viele Frauen auf diesem Gebiet so unachtsam? Wie oft sieht man, dass eine Frau sich hinsetzt und es scheinbar gar nicht bemerkt, dass ihr Rock den Oberschenkel entblößt. Oder sie sitzt mit breit auseinander gespreizten Beinen, vielleicht weil sie es gewöhnt ist, Hosen zu tragen.

Die Saaldiener einer bibeltreuen Gemeinde kamen eines Tages zum Pastor und baten ihn etwas zu unternehmen, damit sie sonntäglich das Abendmahl nehmen könnten, ohne so viel nacktes Fleisch sehen zu müssen. Die Frauen, die ihnen zum Anstoß wurden, waren vielleicht aufrichtige Schwestern, die gekommen waren, um den Herrn anzubeten, aber sie kleideten sich so, dass es den Männern nicht mehr möglich war, ihre Gedanken nur beim Herrn zu halten.

Es geht dabei nicht nur um die Rocklänge. Oft sind es zu tiefe Halsausschnitte, zu enge Pullover, zu eng anliegende Stoffe. Ein Kleid, dessen Saum den Boden berührt und dessen Ärmel bis an die Handgelenke reichen, das aber einen tiefen Halsausschnitt oder einen langen Schlitz hat, kann immer noch sehr aufreizend sein.

Warum sind sogar Christinnen hier so achtlos?

Vielleicht weil Frauen ganz anders als Männer denken und empfinden. Gott hat ihre Emotionen eben anders geschaffen. Weil sie nicht auf dieselbe Art von Reizen angesprochen werden wie Männer, verstehen sie oft nicht, warum ihre Kleidung für Männer so provokativ sein soll.

Eine Frau wird durch visuelle Reize gewöhnlich nicht sexuell angesprochen. Der Anblick eines nackten Mannes wird in ihr normalerweise Ekel hervorrufen, aber keine Leidenschaft. Eine Frau reagiert positiv auf Berührungen. Sanfte Berührungen der Hand ihres Mannes geben einer Frau ein tieferes Gefühl der Geborgenheit und erregen in ihr wiederum mehr Gegenliebe, als ein Bild es tun könnte.

Ein Mann aber kann schon durch den Anblick einer Frau erregt werden. Daher kann die Lust, die der Mann beim Anblick einer Frau empfindet, so real sein, dass der Herr sie als Sünde verurteilt: „Ich aber sage euch: Wer eine Frau ansieht, um sie zu begehren, der hat in seinem Herzen schon Ehebruch mit ihr begangen" (Mt. 5,28).

Wie wichtig ist es deshalb für eine gottesfürchtige Frau, so vorsichtig zu sein, sich so sorgfältig anzuziehen und zu verhalten, dass kein wohlmeinender Mann versehentlich zur Sünde verleitet wird! Natürlich kann man dich nicht für die sündigen Gedanken eines Mannes zur Rechenschaft ziehen, die er denkt, wenn er dich in vernünftiger Kleidung sieht und du dich anständig benimmst. Aber wir sollten sehr darauf achten, keinen gottesfürchtigen Mann zu versuchen, der aufrichtig das Richtige tun und denken möchte.

Wie lang sollte der Rock sein? Wir haben schon gesehen, dass in 1. Timotheus 2,9 von einem langen, herabfallenden Kleid die Rede ist. Der Rock sollte lang genug sein, um die Konturen deines Körpers zu verdecken, ob du nun gehst, stehst, sitzt, dich bückst oder eine Treppe hinaufsteigst.

Muss ein Rock so lang sein, dass er den Boden berührt? Wahrscheinlich nicht, denn es gibt im Griechischen ein anderes Wort *(poderes)*, wie in Offenbarung 1,13, das ein Gewand beschreibt, welches bis zu den Füßen reicht. Da Gott dieses Wort in 1. Timotheus 2,9 nicht benutzt, muss der Rock offensichtlich nur lang genug sein, um den Körper wirklich zu verhüllen.

Dieser Aspekt der Keuschheit ist übrigens auch ein Faktor in Bezug auf deine Entscheidung gegenüber der „Frauenhose". Eine Hose ist so beschaffen, dass sie den

Schenkel, das Bein und die Hüften zeigt. Dadurch werden die zu verhüllenden Teile des Körpers eher betont als verborgen, vor allem bei eng anliegenden Hosen. Du fühlst dich in einer Hose vielleicht keuscher angezogen, aber entscheidend ist, wie ein Mann empfindet, wenn er einen weiblichen Körper in Hosen sieht.

Vor einigen Jahren unterhielt ich mich mit einem Christen, der in seiner Gemeinde eine Führungsposition bekleidete. Er hatte das Empfinden, dass seine Mädchen bei Sport- und Campingaktivitäten keuscher angezogen seien, wenn sie Hosen trügen. „Aber wie können Ihre Töchter das biblische Gebot erfüllen, sich äußerlich von Männern zu unterscheiden, wenn sie Hosen tragen?", fragte ich. „Durch ihre hübschen, mädchenhaften Rundungen", antwortete er. – Doch ist nicht gerade das ein guter Grund für Mädchen, keine Hosen zu tragen?

Da ist ein Jugendleiter, der mit seinen Teenies einen erholsamen Ausflug machen möchte und die Mädchen dazu auffordert Hosen anzuziehen, weil die Wanderung mit den Jungen so anstrengend wird, dass sie Schwierigkeiten haben werden, auf ihre Röcke aufzupassen. Ich frage mich, ob das überhaupt weise ist, in einer gemischten Gruppe solche Aktivitäten durchzuführen, die darüber hinaus auch viel Körperkontakt verursachen und in Versuchung führen könnten.

Eine Freundin von mir hatte es so satt, dass andere Leute ihre Töchter immer wieder unter Druck setzten doch Hosen zu tragen, dass sie schließlich sagte: „Wenn ein Mädchen das nicht in einem Rock tun kann, dann ist es keine damenhafte Aktivität und sie sollte es gar nicht tun!"

Nun würde ich aber ein dynamisches, unternehmungslustiges Mädchen nicht gerne dazu verdammen, auf der Veranda zu hocken und zu stricken, während die Jungen sich nach Lust und Laune austoben können. Es gibt durchaus Wege, draußen viele Aktivitäten zu unternehmen und dabei doch eine ganz weibliche Frau zu sein, die den Herrn ehrt.

Zunächst hilft die richtige Erziehung einem Mädchen dabei, „automatisch" auf ihren Rock aufzupassen ohne ständig zu denken: „Ach du liebe Zeit, ich muss meinen Rock festhalten!" Sie kann es von Kind auf lernen, völlig unbewusst darauf zu achten. Bei einem Sonntagsschul-Picknick lief ich einen Hügel hinunter, stolperte und rutschte mit dem Gesicht nach unten den Abhang hinunter – ich hatte das Gefühl es wären hundert Meter gewesen! Als ich mich dann wieder aufsammelte und zu meinen Freundinnen hinkte, flüsterte meine Schwester: „Libby, man hat nichts gesehen! Du hast den Rock die ganze Zeit festgehalten!"

Glaube mir, in dem Moment habe ich nicht an Keuschheit gedacht! Man kann aber offensichtlich das Unterbewusstsein daraufhin trainieren, wenn man daran arbeitet – und meine Eltern haben daran gearbeitet!

Eine gute Alternative können Hosenröcke[3] sein. Sie sollten lang genug sein, dass sie nicht hochgezogen werden, wenn du auf einem Pferderücken sitzt, aber auch nicht so lang, dass du dich darin verfängst. Sie sollten weit genug sein, um bequem zu sein, aber nicht so weit, dass sie sich – zum Beispiel beim Reiten – so weit aufblasen, dass sie wie ein Rock flattern und alles zeigen.

Wenn du keinen guten Hosenrock kaufen kannst, kannst du dir auch selbst einen nähen. Du brauchst dafür ein Schnittmuster von einem Rock und von einer Hose, die du entsprechend miteinander kombinierst.

Eine dritte Möglichkeit hilft bei kaltem Wetter: eine eng anliegende Hose unter dem Rock hält dich schön warm, während der Rock den weiblichen Umriss bewahrt.

[3] *Anm. d. Übers.*: Englisch: „Culottes". Damit sind nicht „lange Shorts" gemeint, sondern Kleidungsstücke, die äußerlich wie ein typisch weiblicher (Bundfalten-)Rock erscheinen.

Ich selbst bin Schlittschuhe und Rollschuhe gefahren, bin geritten, habe Tennis gespielt, mittelgroße Berge erklommen, bin Trampolin gesprungen und habe mit den Kindern Fußball gespielt, bin mit dem Fahrrad und dem Motorroller gefahren – alles in keuschen Hosenröcken. Bei alledem habe ich zwar oft meine Würde verloren, habe es aber – hoffe ich zumindest – geschafft, die Keuschheit zu wahren.

Es gibt aber auch einige Aktivitäten, die ich strikt gemieden habe, weil ich keine Möglichkeit sah, dabei keusch zu bleiben. Dennoch schaue ich auf eine wunderbare Kindheit und Jugend zurück, es war ein aufregendes Leben und ich habe es nie bereut, dass ich mich darum bemüht habe, den Herrn mit meiner Kleidung zu ehren. – Da wir gerade über keusche Kleidung sprechen, sollte erwähnt werden, dass Shorts, Bikinis, rückenfreie Kleider, bauchfreie Tops, Hüftenröcke und nicht blickdichte Blusen sicherlich nicht dazugehören!

Manche Frauen tragen Hosen nur zu Hause oder bei der Arbeit im Garten. Sie finden diese praktischer als einen Rock, dessen Saum ins schmutzige Wasser fallen oder sich in einem Rosenbusch verfangen kann. Doch wenn es an der Tür klingelt und es dann peinlich wird, wäre es besser, lieber gar keine Hosen zu tragen.

Das Bedürfnis nach keuscher Kleidung bestimmte meinen Mann und mich bei unserer Entscheidung bezüglich des Schwimmens an öffentlichen Plätzen. Auch der keuscheste Badeanzug kann nicht genug Fleisch bedecken, um keine Versuchung für junge Leute zu sein. Wir versuchten immer, das zu berücksichtigen, wenn wir mit unseren Teenagern Ausflüge planten. Manchmal gelang es uns zwei getrennte Buchten an einem See zu finden. Manchmal setzten wir unterschiedliche Schwimmzeiten für Jungen und Mädchen fest. Selbst wenn wir als Familie allein am Strand waren, trugen wir Bademäntel und sonnten uns nicht in der Öffentlichkeit.

Eltern und Kinder sollten auch in der häuslichen Privatsphäre keusch sein. Kinder sollten nicht in Nachthemden oder Schlafanzügen herumlaufen und auch nicht in Unterwäsche.

Vor einigen Jahren hatte der Kinderarzt Dr. Benjamin Spock empfohlen, zu Hause ein gewisses Maß an Nacktheit zuzulassen, damit die kindliche Neugierde am anderen Geschlecht gestillt werden könnte. Doch in jüngster Zeit kam er reuevoll zu dem Schluss, dass ein durchschnittliches Kind mit der Stimulation, die Nacktheit seiner Eltern zu sehen, überfordert ist. Hätte er auf Gottes Wort gehört, hätte er das schon früher gewusst.

Gott verfluchte Ham, weil er die Blöße seines Vaters Noah gesehen und sich darüber lustig gemacht hatte (vgl. 1. Mose 9,20-26). Diese Begebenheit deutet an, dass Eltern und Kinder sich selbst in häuslicher Privatsphäre keusch kleiden sollen. Man braucht deswegen jedoch nicht prüde oder zimperlich zu sein. Es ist nichts Verkehrtes dabei, wenn eine Mutter ihr Baby in Anwesenheit anderer Kinder stillt. Windeln können in derselben sachlichen Weise gewechselt werden, weder zu verstohlen noch zu unverhohlen. Die Windeln werden halt gewechselt, wenn sie gewechselt werden müssen.

Wie kannst du deinen Kindern das Prinzip der Keuschheit beibringen? Nehmen wir mal an, deine 12-jährige Tochter ist aus ihrem Lieblingskleid herausgewachsen. Mit Tränen in den Augen fragt sie: „Mama, warum darf ich dieses Kleid nicht mehr tragen? Was ist daran verkehrt?" Du brauchst dich nicht in mühsame Erklärungen zu verwickeln und ihr den männlichen Sexualtrieb zu erklären, der – anders als bei Frauen – auf visuelle Reize anspricht. Du brauchst mit ihr nicht zu streiten. Sag einfach: „Gott möchte das so. Eines Tages wirst du verstehen, warum das nötig ist. Ob du es jetzt verstehst oder nicht, so wird es in unserer Familie gehandhabt. Tue es, um Gott zu ehren. Vertraue mir."

Aus demselben Grund musst du aber auch selbst bereit sein, ein Kleid an die Seite zu legen, wenn dein Mann sagt, du solltest es nicht mehr anziehen. Versuche nicht, eine Begründung aus ihm herauszuquetschen. Tue von ganzem Herzen, was er dir sagt. Der Herr wird es dir lohnen, wenn du darauf bedacht bist, auf Schwachheiten und Versuchungen anderer Rücksicht zu nehmen und für dein eigenes Erscheinungsbild entsprechende Verantwortung übernimmst.

In dieser alten Welt gibt es schon genug Fallen und Schlingen. Mögen wir doch nicht noch mehr hinzufügen, sondern immer darauf bedacht sein, uns keusch zu kleiden, um ja nicht einen Mann zufällig in Versuchung zu führen, der ein reines Leben führen möchte.

Kapitel 10
Worin eine Frau Weiblichkeit nicht verstehen kann

Wir haben am Anfang des Buches erwähnt, dass die Kleidung einer Frau etwas über ihre geistliche Verfassung aussagen kann. Umgekehrt kann die Kleidung aber auch ihre Gefühle beeinflussen. – Oder hast du noch nie ein kleines Mädchen gesehen, das sich Mutters „Festkleider" anlegt und wie eine feine Dame durch den Raum stolziert? Die festlichen Kleider geben ihr das Gefühl, schön zu sein.

Ähnlich ist es auch bei einer Hochzeit – die besonderen Kleider bringen die herausragende Bedeutung des Ereignisses zum Ausdruck und geben der Braut selbst ein Gefühl davon.

Was du trägst, beeinflusst auch deine Leistungsfähigkeit. Eine befreundete Lehrerin teilte mir das aus ihrer Erfahrung mit. Vor kurzem beschloss der Direktor ihrer Schule, dass Lehrerinnen auch in Hosen unterrichten dürften. Daraufhin schaffte sie sich eine ganze Garderobe von Hosen an. Kurz darauf bereute sie diese Anschaffung: „Meine Schüler flehen mich an, dass ich wieder im Kleid zur Schule komme."

„Warum?", fragte ich.

„Sie sagen, dass sie mich im Kleid lieber mögen. Sie sagen, dass ich mich dann anders verhalte und sie dann mehr Respekt haben. Wenn ich im Kleid komme, sagen sie 'ja, Madam' und tun, was ich ihnen sage."

Sie dachte ein wenig nach und fügte hinzu: „Um die Wahrheit zu sagen, ich bin eine bessere Lehrerin im Kleid. Ich schaffe so die dreifache Arbeit und bin viel besser organisiert. Ich fühle mich auch professioneller."

Das sagte eine Frau, die in Hosen groß geworden war

und nur deswegen Röcke trug, weil ihr Beruf das von ihr verlangte. Sie begriff, dass die Kleidung die man trägt einen starken Einfluss darauf hat, wie man sich fühlt.

Die Zeitung *Greenville News* (South Carolina, USA) veröffentlichte im Jahr 1975 eine Bildergeschichte eines 9-jährigen Mädchens, das in einer CVJM-Mannschaft Football spielte. Die Zeitung zitierte sie mit den Worten: „Manchmal vergesse ich mich und denke, ich wäre ein normaler Junge, der Football spielt." Der Artikel setzt fort: „Wenn Katherine in dem gepolsterten Football-Anzug steckt und einen Helm auf dem Kopf hat, ist sie nicht die einzige, die vergisst, dass sie kein Junge ist. Sie schätzt, dass die Hälfte der Jungen sie dafür halten. Und die Jungen, die es besser wissen, denken von ihr wie von einem Jungen." Dann wird weiter beschrieben, wie der Trainer ihr – wie bei den Jungen gewohnt – einen Klaps auf den Hintern gab, bis er zu seinem Ärger erfuhr, dass es ein Mädchen ist.

Abgesehen von den Gefahren, denen ein Mädchen sich aussetzt, wenn es mit den Jungen ein solch halsbrecherisches Spiel spielt, frage ich mich, ob es weise ist, ein Mädchen „sich selbst vergessen" zu lassen, sodass sie sich wie ein Junge fühlt. In diesem Fall vermittelte ihr vor allem der Football-Anzug dieses Gefühl.

Welchen starken Eindruck die Garderobe auf Empfindungen hat, bekam ich vor einigen Jahren auf humorvolle Weise zu spüren. Meine Schwester Jessie und ich suchten neue Kleider. Ich weiß gar nicht mehr, für welchen Anlass wir sie kaufen wollten. Dann sah ich ein hübsches Kleid und dachte, das könnte mich wie eine elegante junge Mutter aussehen lassen – anders als meine pedantischen Kleider in Größe 42. Das Kleid sah schlank, elegant und einfach hinreißend aus – alles andere als ich selbst.

In der Umkleidekabine stülpte ich es über meinen Kopf. Ich fühlte mich sehr behaglich. Mit großer Mühe gelang es Jessie, den Reißverschluss zu schließen. Ich schaute in den Spiegel und fühlte mich plötzlich wie in eine andere Frau verwandelt. Jessie schaute auf mich und lachte, denn sie konnte meine Aufregung und die Schamröte in meinem Gesicht sehen. Es stellte sich heraus, dass es ein Kleid der Größe 38 war – und es war absolut nicht in der Lage, meine Körperform zu verhüllen!

Überraschend für mich waren die dabei erzeugten Gefühle. In diesen wenigen Minuten, die ich brauchte, um mich aus dem Kleid herauszuwinden, fühlte ich mich wie eine *Femme Fatale*[4], eine Frau aus der Welt, die durch eine Bewegung ihrer Augenbraue einen Mann verrückt machen kann. Es war ein unangenehmes Gefühl und ich war sehr erleichtert, als das Kleid wieder im richtigen Kleiderregal bei Größe 38 hing.

Ich denke, dass dies für eine Frau ein wichtiger Grund ist, sich keusch zu kleiden – nicht nur um derer willen, die durch sie zur Sünde verleitet werden könnten, sondern auch um ihrer selbst willen. Sie wird selbst beeinflusst durch das, was sie trägt. (Ich gebe allerdings zu, dass es nicht immer einfach ist, hierbei Ursache und Wirkung auseinander zu halten. Zieht sie ein knappes Röckchen an, weil sie provokativ sein will, oder gibt der Rock ihr das Gefühl, verführerisch zu sein? Vielleicht beides.)

In der Bibel wird Nacktheit oft mit Sünde in Verbindung gebracht. Wir finden Beispiele darin, in denen Nacktheit zu schändlichen Taten führte, z.B. in 2. Samuel 11,2, Jesaja 20,4, Offenbarung 3,18; 16,15. Der Ausdruck

---

[4] *Anm. des Übers.:* Unter einer *Femme Fatale* (französisch für „verhängnisvolle Frau“) versteht man im Film und, daran angelehnt, auch in der Literatur eine verführerische Frau, die – mit magisch-dämonischen Zügen ausgestattet – Männer erotisch nicht nur an sich bindet, sondern sie auch von ihren höheren Interessen und Aufgaben ablenkt, ihre Moral untergräbt und sie meist auch ins Unglück stürzt. Gleichzeitig beschert sie dem verführten Mann ein Höchstmaß an Liebeserfüllung, was ihr oft einen äußerst ambivalenten Charakter verleiht. Quelle: Wikipedia

„Blöße aufdecken“ wird manchmal benutzt, um unerlaubten Verkehr zu beschreiben, wie in 3. Mose 18.

Vor einigen Jahren klopfte eine Frau an meine Tür, die ich seelsorgerlich betreute. Ich habe sie kaum wiedererkannt. Ihr Haar war weiß gebleicht und wirkte wie das Haar eines Mannes.

„O Nancy!“, jammerte ich (sie hieß natürlich anders). „Was hast du bloß mit deinen Haaren gemacht? Ich dachte, du wolltest mit Gott ins Reine kommen. Was hat dein Mann bloß dazu gesagt, als er dich so sah?“

„Er sagte, man sollte mich umbringen – und er benahm sich auch so.“

Mittlerweile war sie schon über die Türschwelle ins Haus getreten. „Hatte er einen Grund, sich so zu fühlen?“, fragte ich weiter.

„Sicher. Du wirst nicht glauben, wie viele Typen mich auf Arbeit schon angemacht haben. Sogar ein Schwarzer sagte zu mir: ‘Du machst mich an!’“

Diese Frau hatte einen Mann geheiratet, der nach einem Dienst in der Gemeinde strebte. Auch sie hatte oft schluchzend bekannt, dass sie sich nach einer engeren Beziehung zum Herrn sehnte. Konnten gefärbte Haare das geistliche Leben einer Frau dermaßen beeinflussen?

Ich rang um Worte. „Nun, da du jetzt weißt, wie deine neue Haartracht auf Männer wirkt, wirst du die Haare sicherlich nicht mehr so tragen, oder?“

„Doch, ich lasse sie so. Das gibt mir das Gefühl mit jemandem ins Bett zu steigen.“ Sie schaute mich trotzig an. „Ich habe das Recht nicht einsam zu sein.“

Eine Frau setzt sich der Gefahr aus, in Sünde zu fallen, wenn sie sich sinnlich anzieht oder frisiert. Ihr Äußeres wird ihre Gefühle beeinflussen und sie wird der Versuchung gar nicht widerstehen wollen.

Es gibt eine tiefe Wahrheit über Frauen, welche die meisten Frauen von sich gar nicht wissen: sie sind anfällig für Betrug. Ihr eigener Körper kann sie betrügen.

Eines Tages brachte ich einige Mädchen meiner High-School-Sonntagsschulklasse mit dem Auto zu mir nach Hause. Ich hörte ein Mädchen (ich nenne sie Jenny) den anderen erzählen: „Wisst ihr, was ich gerne mache? Ich ziehe mir die kürzeste Shorts an, die ich finden kann, und darüber ein langes T-Shirt. Das sieht dann so aus als hätte ich unterm T-Shirt nichts an. Wenn ich dann die Straße entlanggehe, dann leuchten bei den Jungen immer die Augen, wenn sie mich sehen. Das ist ein tolles Gefühl!"

„O Jenny!", protestierte ich. „Bitte, bitte, tu das nicht! Das ist unfair gegenüber den Jungen." – Und es ist wirklich nicht fair. Die männliche Leidenschaft ist kein Spielzeug und darf von einer Frau nicht nach Lust und Laune geweckt und wieder enttäuscht werden. Es ist schon schlimm genug, wenn sie diese Leidenschaft unbeabsichtigt weckt, indem sie unachtsam ist. Und es ist doppelt falsch, wenn sie nur so aus Spaß diese Regungen aufwühlt, die doch so heilig sein sollen, dass darin die Liebe Christi zur Gemeinde sichtbar werden soll.

„Ach, Mrs. Handford", antwortete sie schlagfertig. „Machen Sie sich keine Sorgen. Ich weiß, wie man Jungs behandelt. Wenn einer mir zu nahe kommt, weiß ich schon, wie ich ihn loswerde. Machen Sie sich um mich keine Sorgen!"

„Ich mache mir aber Sorgen, Jenny", entgegnete ich so ernst ich konnte. „Du kannst die Jungen behandeln wie du möchtest, doch eines Tages kommt einer in dein Leben, den du nicht wirst 'behandeln' wollen. Dann stehst du vor einer echten Tragödie."

Sie zuckte mit ihren Schultern: „Das wird mir nicht passieren!" Doch wenige Jahre später wurde sie Mutter eines vaterlosen Kindes, das sie mit großem Herzeleid zur Adoption freigeben musste.

Jede Frau hat in ihrem Körper Drüsen und Hormone, bestimmte Leidenschaften und Reaktionen, die, wenn sie erst einmal geweckt sind, stärker sind als das Gewissen, die Vernunft oder der Wille. Wenn sie es zulässt, dass diese sexuellen Leidenschaften geweckt werden, können sie mit ihr durchgehen und sie tut etwas, was sie niemals gewollt hätte.

Das gilt natürlich auch für die männlichen Leidenschaften. Deswegen sollte eine gottesfürchtige Frau darauf achten, dass sie durch ihre Kleidung nicht Begierden erweckt, die zu stillen sie kein Recht hat. Sie sollte sich nicht in Situationen hineinmanövrieren lassen, in denen die Leidenschaft sich ungestört entfalten kann oder in denen sich eine intime Atmosphäre automatisch entwickelt. Aus diesem Grunde haben mein Mann und ich unseren Töchtern und Söhnen nie erlaubt, sich einzeln mit einem Jungen oder Mädchen zu treffen, sie mussten immer ein Doppeltreffen mit einem anderen christlichen Pärchen arrangieren.

Aus demselben Grund mag ich es nicht leiden, wenn eine verheiratete Frau in einem „ein-Mädchen-Büro“ arbeitet. Es ist fast unmöglich, dass die Beziehungen rein platonisch bleiben. Manches Mal wird ihr Mann darunter leiden, dass sie ihn mit ihrem organisierten, effektiven Chef vergleicht, der seinen Frust vielleicht auch nur solange zurückhält, bis er nach Hause kommt. Eine Frau, die außer Haus arbeitet, sollte sich dessen bewusst sein, dass der Satan sie mit seinen Pfeilen bombardieren wird.

Immer wieder, wenn ein Mädchen mir unter Tränen davon erzählt, wie sie ihre Reinheit verloren hat, stelle ich die Frage: „Wie konnte das passieren?“ Immer bekomme ich die Antwort: „Ich weiß es nicht. Ich weiß es einfach nicht.“

Und das Mädchen denkt wirklich, es wüsste es nicht. Sie denkt, sie wurde betrogen, wäre von den Umständen gezwungen worden, für die sie nichts konnte. Oft geschah es mit einem Jungen, den sie kaum kannte. Bei verheirateten Frauen war es oft ein Freund der Familie, jemand, mit dem sie sich völlig vertraut und ganz sicher fühlte.

Was geschah denn nun wirklich? – Die Frau vergaß, dass sie eine Frau ist! Das heißt, sie entwickelte eine kumpelhafte Beziehung zu einem Mann, wodurch sie ihm zu nahe kam und in ihm die Begierde weckte und entfachte.

In meiner Sonntagsschulklasse für junge Frauen habe ich über das ganze Buch der Sprüche Salomos gesprochen. Als ich einen Vers nach dem anderen fand, in dem junge Männer vor der „fremden Frau", der Ehebrecherin gewarnt werden, habe ich mich schon fast darüber geärgert. Warum beschuldigt Gott immer die Frau? Ist Ehebruch nicht ebenso oft die Schuld des Mannes wie der Frau? In den Sprüchen finden wir aber folgende Aussagen dazu:

„... um dich zu erretten von der fremden Frau, von der Fremden, die ihre Worte glättet" (2,16)

„Denn Honigseim träufeln die Lippen der Fremden, und glatter als Öl ist ihr Gaumen..." (5,3)

„... um dich zu bewahren vor der bösen Frau, vor der Glätte der Zunge einer Fremden." (6,24)

„... damit sie dich bewahre vor der fremden Frau, vor der Fremden, die ihre Worte glättet." (7,5)

Jede dieser Warnungen leitet einen ganzen Abschnitt ein, der den jungen Mann von den tückischen Wegen einer verführerischen Frau zurückhalten soll.

Ich zweifle nicht daran, dass die ganze Bibel Gottes Wort ist. Wenn Gott selbst einen jungen Mann warnt, wachsam zu sein und nicht auf eine Hure hereinzufallen, dann sollte ich lieber meine Ohren spitzen, als mit Gott darüber streiten. Nachdem ich lange und intensiv darüber nachgedacht hatte, merkte ich, dass die Frau eine große Verantwortung dafür trägt, was in der Mann-Frau Beziehung geschieht. Wie sie sich anzieht, wie sie sich benimmt, das alles beeinflusst den Charakter dieser Beziehung.

Die Hure, die in Sprüche 7 beschrieben wird, trifft einen jungen Mann „ohne Verstand" (Vers 7). Sie ist gekleidet in den „Anzug einer Hure und mit verstecktem Herzen" (Vers 10). Sie hat sich bewusst für diese Affäre vorbereitet. Sie hat ihr Bett und Erfrischungen hergerichtet. Um den Mann zu verlocken, benutzte sie in gotteslästerlicher Weise sogar ein Opfer als Hilfsmittel! Doch beachte vor allem den 10. Vers: „im Anzug einer Hure". Jede Frau, die sich verführerisch anzieht, ist vor Gott schuldig für das, was dadurch angerichtet wird.

Was ist der „Anzug einer Hure"? Jede Kleidung, welche die weiblichen Besonderheiten betont und die Aufmerksamkeit auf die geheimen Bereiche des Körpers lenkt, erfüllt diese Funktion.

Kann ein Mann nicht erwarten, dass eine Frau wirklich das verkauft, was sie anbietet? Doch, sicher kann er das. Wenn sie nicht „angemacht" werden möchte, sollte sie sich auch nicht so anziehen, als wäre sie auf „Anmache" aus.

Wie bietet sie sich aber an? Die Bibel erwähnt nicht nur die Kleidung, sondern auch die Körpersprache. In Sprüche 6,12-13 wird ein „heilloser Mensch" beschrieben, der „umhergeht mit Verkehrtheit des Mundes, mit seinen Augen zwinkt, mit seinen Füßen scharrt, mit seinen Fingern deutet." Die Art, wie eine Frau sich bewegt, was sie mit ihren Händen und Augen macht, spricht ohne Worte eine klare Sprache.

In seinem Buch *Body Language* (das die Körpersprache keineswegs moralisch zu werten versucht) zitiert Julius Fast (der Autor) Dr. Albert E. Scheflen, den Professor für Psychiatrie am *Albert Einstein College* für Medizin in New York City. Dr. Scheflen sagt, dass Männer und Frauen ihre Verfügbarkeit durch bestimmte Gesten kommunizieren. Diese Gesten können unbeabsichtigt sein, sind aber dennoch aussagekräftig. Hier ein Zitat aus dem Buch: *„Männer und Frauen beginnen mit bestimmten Gesten, die Dr. Scheflen als 'sich herausputzen' bezeichnet. Eine Frau streicht sich durchs Haar oder kontrolliert ihr Make-up, bringt ihre Kleidung zurecht oder schiebt sich dich Haare aus dem Gesicht. [...] All das sind Signale der Körpersprache, die sagen: 'Ich bin an dir interessiert. Ich mag dich. Beachte mich! Ich bin eine attraktive Frau!'* (S. 97)

Wenn eine Frau einen Mann aus einer Gruppe heraus in eine intime Situation bringen möchte, [...] benutzt sie dazu die Körpersprache. Dazu gehören flirtende Blicke, das Festhalten seines Blickes, den Kopf zur Seite neigen, Hüften bewegen, Beine überschlagen, um einen Teil des Oberschenkels zu zeigen, ihre Hand auf die Hüfte legen, aber auch bestimmte präsentierende Bewegungen mit der Hand oder dem Handgelenk. All das sind anerkannte Signale, welche die Botschaft ohne Worte vermitteln. (S. 98)“

Ohne dass ich darum gewusst hätte, versuchte ich meinen Töchtern beizubringen, sich am Morgen so gut zu kämmen, dass sie sich tagsüber nicht mehr um ihr Aussehen kümmern müssten. Ich wollte, dass sie ihre Haare unter Kontrolle hatten, damit es ihnen nicht ständig ins Gesicht fiele und sie es wegschieben müssten. Nachdem ich das gelesen hatte, verstand ich den Grund: häufige „kämmende“ Gesten können die Frisur nicht wiederherstellen, ziehen aber die Aufmerksamkeit auf den Körper. Was wir aber wirklich wollen, ist doch, dass die Menschen, mit denen wir zu tun haben, mit unserem Geist in Berührung kommen, nicht in erster Linie mit dem Körper.

Neulich veröffentlichte der Nachrichtendienst AP eine Story über die Prostituierten in Kopenhagen: *„Ein dänisches Gericht hat entschieden, dass ein Polizist an der Art und Weise, wie eine Frau geht, sagen kann, ob sie nach einem Freier sucht oder nicht. [...] Der Polizeibeamte, der die Frau verhaftet hatte, sagte im Gericht: 'Ich handle nur dann, wenn es offen-*

sichtlich ist, dass die Frau um einen Freier wirbt, und das kann man ganz leicht an ihrem Gang erkennen.'"

Die Schlagzeile der Story lautete: „Sagt ihr Gang alles?" Die Antwort der dänischen Richter: Allerdings!

Aus diesen Gründen muss eine gläubige Frau in jeder Hinsicht umsichtig sein – in ihrem Gang, in ihren Gesprächen, in ihren Manieren und in ihrer Kleidung. Sie kann sonst Signale aussenden, die zu einer Sünde führen, die sie später tief bereuen wird.

Gelegentlich flirten Frauen in Situationen, in denen sie sich „sicher" fühlen – der andere Mann ist auch verheiratet, oder ist ein Gemeindemitarbeiter, oder solch ein alter Familienfreund, dass sie ganz vergisst, dass sie immer noch eine Frau und er ein Mann ist. Sie wird zu vertraut mit ihm und innerhalb von Sekunden kann die Situation explodieren und unkontrollierbar werden.

Was kann man dagegen tun? – „Nichts!" Gar nicht flirten! Nutze die Männlichkeit oder die Freundlichkeit eines Mannes niemals aus.

Warum kann eine Frau es nicht lassen, kurze Röcke und enge Pullover, Kleidung mit tiefen Ausschnitten und langen Schlitzen zu tragen? Warum ist sie scheinbar so gleichgültig darüber, welcher Belastung sie andere damit aussetzt? Kann es sein, dass sie unbewusst zu einer sündigen Annäherung einlädt? Mag sie die vor Begierde leuchtenden Männeraugen?

Es ist völlig egal, warum sie das tut. Die Folgen werden immer tragisch sein: „Halte fern von ihr deinen Weg, und nahe nicht zu der Tür ihres Hauses: damit du nicht anderen deine Blüte gebest, und deine Jahre dem Grausamen; damit nicht Fremde sich sättigen an deinem Vermögen, und dein mühsam Erworbenes nicht komme in eines Ausländers Haus; und du nicht stöhnest bei deinem Ende, wenn dein Fleisch und dein Leib dahinschwinden..." (Spr. 5,8-11).

Ehebruch kann eine Weile aufheitern. Er mag einer

Frau das Gefühl geben, jung und lebendig zu sein. Aber Ehebruch hat immer schäbige, herzzerreißende Konsequenzen, oft auch Geschlechtskrankheiten und ungewollte Schwangerschaften zur Folge. Es macht dabei keinen Unterschied, ob die Frau die Begegnung absichtlich herbeigeführt hat, oder ob ihre Gefühle mit ihr durchgegangen sind – die Folgen sind immer gleich.

Die nächsten drei Verse (12-14) zeigen, dass die Anfälligkeit für Sünde ihren Grund in der verkehrten Herzenshaltung des Ehebrechers hat: „Wie habe ich die Unterweisung gehasst, und mein Herz hat die Zucht verschmäht! Und ich habe nicht gehört auf die Stimme meiner Unterweiser, und mein Ohr nicht zugeneigt meinen Lehrern. Wenig fehlte, so wäre ich in allem Bösen gewesen, inmitten der Versammlung und der Gemeinde."

Was ist der erste Schritt auf dem Weg hinab zur sündigen Sexualität und hinab in das Elend? Auflehnung gegen Autorität und die fehlende Bereitschaft, auf guten Rat zu hören!

Wenn du dich wegen der Rocklänge, wegen des engen Pullovers oder ähnlichen Dingen ständig im Widerspruch mit deinen Autoritäten befindest – seien es die Eltern oder leitende Brüder in der Gemeinde – dann lass dich warnen: Es könnte dein erster Schritt auf dem glatten, gefährlichen Weg in den Ehebruch und in ein zerrüttetes Leben sein. Auflehnung gegen Autorität führt letzten Endes zur offensichtlichen, schmutzigen, fleischlichen Sünde.

Eine gottesfürchtige Frau wird es sich sagen lassen, dass ihr Körper sie hintergehen kann. Sie wird daran denken, dass sie in sich dieselben Gefühle und Triebe hat, welche andere bereits zur Sünde verleitet haben. Darum wird sie sich selbst in solch einer Weise kleiden und benehmen, dass weder sie noch andere in die Gefahr der Sünde geraten.

Kapitel 11
Was sieht Gott, wenn er dich anschaut?

Ich habe von Zeit zu Zeit einen Alptraum: Auf dem Weg zur Schule oder zur Kirche habe ich es gewöhnlich sehr eilig. Plötzlich merke ich, dass ich keine Schuhe, oder, noch schlimmer, kein Kleid anhabe. Ich verstecke mich hinter Säulen, krieche unter Bänke und greife nach allem, was mich verdecken könnte, in der Hoffnung, dass mich keiner sieht. Und dann wache ich auf...

Bestimmt träumt jeder zwischendurch etwas in dieser Art. Freud würde solchen Träumen sicherlich eine dunkle Bedeutung zusprechen. Doch ich habe das Gefühl, dass sich darin eine elementare Wahrheit offenbart. Ich denke, solche Träume enthüllen ein tief verwurzeltes Bewusstsein der geistlichen Not.

Nachdem Eva gesündigt hatte, merkte sie, dass sie nackt war und versuchte sich zu verstecken. Es war nicht nur ein Versuch die körperliche Blöße, sondern auch die Sünde zu verstecken. Hiob bezieht sich auf Adam und sagt: „wenn ich, wie Adam, meine Übertretungen zugedeckt habe..." (Hiob 31,33). Eva hatte das Bedürfnis, nicht nur ihre Blöße, sondern auch ihre Sünde zu bedecken.

Die Wahrheit ist, dass wir alle Sünder sind. Jeder Versuch, unsere Sünden abzubüßen, ist kläglich zum Scheitern verurteilt. „Und wir allesamt sind dem Unreinen gleich geworden, und alle unsere Gerechtigkeiten gleich einem unflätigen Kleide; und wir verwelkten allesamt wie ein Blatt, und unsere Missetaten rafften uns dahin wie der Wind. Und da war niemand, der deinen Namen anrief, der sich aufmachte, dich zu ergreifen; denn du hast dein Angesicht vor uns verborgen und uns vergehen lassen durch unsere Missetaten" (Jes. 64,5-6).

Genauso, wie wir wissen, dass wir unseren Körper anziehen müssen, sagt uns unser Gewissen, dass unsere Sünde vor Gott bedeckt werden muss. Doch wie kann das geschehen? Umdenken und nie wieder sündigen? Das ändert nichts bezüglich früher begangener Sünden. Wir können uns die größte Mühe geben, wir werden nicht einen Tag leben können ohne zu sündigen.

Sollen wir viele gute Taten vollbringen, um die Sünde aufzuwiegen? Die guten Taten sind dazu so nützlich wie Evas welkende Feigenblätter. Niemand kann durch gute Taten vor Gott gerecht werden, das kannst du in Römer 3,20 nachlesen.

Alles, was wir tun, um unsere Sünde zu bedecken, reicht vor Gott nicht aus. „Wehe den widerspenstigen Kindern, spricht Jahwe, welche Pläne ausführen, aber nicht von mir aus, und Bündnisse schließen, aber nicht nach meinem Geiste, um Sünde auf Sünde zu häufen" (Jes. 30,1).

Herr Jesus erzählte in Matthäus 22 ein Gleichnis:

„Das Reich der Himmel ist einem Könige gleich geworden, der seinem Sohne Hochzeit machte. Und er sandte seine Knechte aus, um die Geladenen zur Hochzeit zu rufen; und sie wollten nicht kommen."

Nachdem der König erneut versucht hatte, seine Gäste einzuladen, diese aber seine Einladung ablehnten, gab er seinen Dienern neue Anweisungen:

„... die Hochzeit ist zwar bereit, aber die Geladenen waren nicht würdig; so gehet nun hin auf die Kreuzwege der Landstraßen, und so viele immer ihr finden werdet, ladet zur Hochzeit. Und jene Knechte gingen aus auf die Landstraßen und brachten alle zusammen, so viele sie fanden, sowohl Böse als Gute. Und die Hochzeit wurde voll von Gästen.

Als aber der König hereinkam, die Gäste zu besehen, sah er daselbst einen Menschen, der nicht mit einem Hochzeitskleid bekleidet war. Und er spricht zu ihm:

Freund, wie bist du hier hereingekommen, da du kein Hochzeitskleid anhast? Er aber verstummte. Da sprach der König zu den Dienern: Bindet ihm Füße und Hände, nehmet ihn und werfet ihn hinaus in die äußere Finsternis: da wird sein das Weinen und das Zähneknirschen."

Auf den ersten Blick erscheint dieser König furchtbar ungerecht. Hatte er nicht angeordnet, so viele Leute wie möglich zur Hochzeit zu bringen? Seine Knechte gehorchten, sie brachten „sowohl Böse als Gute" zur Hochzeit. Einer von ihnen hatte aber kein passendes Gewand an. In seinem Zorn warf der König ihn „in die äußere Finsternis". (Klingt das nicht nach einer furchtbar grausamen Isolation?) Der arme Kerl kam auf Einladung des Königs und wurde rausgeschmissen, weil er nicht die richtigen Kleider anhatte. Ist das nicht ungerecht?

Doch dann begreifen wir, dass es sich hier um den König aller Könige handelt, der niemals ungerecht handelt. Gott hat ein Fest im Himmel vorbereitet, das alle menschlichen Bedürfnisse stillen wird. Er sendet seine Boten mit der Einladung hinaus. Viele Menschen – so töricht wir nun mal sind – lehnen die Einladung ab, weil sie ihre eigenen Wege gehen wollen. Doch der König sehnt sich danach, den unermesslichen Reichtum seiner Liebe reichlich auszuteilen. Er drängt seine Knechte hinauszugehen und jeden zu holen, der sich nur holen lässt. Laut Offenbarung 22,17 darf jeder, der möchte, kommen. Der König selbst sorgt für alles – für die Kleidung, für das „Transportmittel" und sogar für das hochzeitliche Gewand. Sie müssen nur kommen.

Aber sie müssen das Hochzeitsgewand anziehen, das der König für sie vorbereitet hat. Unser gerechter Gott kann den Anblick der Sünde nicht ertragen (vgl. Hab. 1,13). Der Mann, der das vom König bereitgestellte Kleid ablehnte und in seinen eigenen Kleidern kam, war sprachlos, als der König ihn darauf ansprach, weil er keine Entschuldigung hatte. Er wusste, was der König verlangte und dass er selbst für dieses Kleid gesorgt hatte. Trotzdem hatte er es abgelehnt. Er dachte, ein Anzug seiner eigenen Wahl würde ihm auch ganz gut stehen. Doch er wurde hinausgeworfen, wurde für ewig vom Licht und von der Liebe getrennt.

Welches Kleid sollen die Hochzeitsgäste denn tragen? Das Kleid, das Christus für sie vorbereitet hat. Sein eigenes Kleid der Gerechtigkeit, welches er als Geschenk anbietet. Die Gäste brauchen es nicht zu bezahlen. Sie müssen es nur entgegennehmen und tragen.

Als Christus am Kreuz für deine Sünden starb, erwarb er das Recht, deine Sünde zu bedecken (vgl. Röm. 6,23). Christus starb an deiner Stelle (vgl. Röm. 5,8). Darum kann er dir mit vollem Recht sein „Kleid der Gerechtigkeit“ geben.

Was ist deine Antwort? Lehnst du die Einladung ab, wie die ersten Männer in dem Gleichnis? Er starb für diese Ablehnung. Was sollte deine Antwort sein? O, nimm das Geschenk doch an! Freue dich doch und ergreife das „Kleid der Gerechtigkeit“ Christi!

Jesaja sagt: „Hoch erfreue ich mich in dem HERRN; meine Seele soll frohlocken in meinem Gott! Denn er hat mich bekleidet mit Kleidern des Heils, den Mantel der Gerechtigkeit mir umgetan, wie ein Bräutigam den Kopfschmuck nach Priesterart anlegt, und wie eine Braut sich schmückt mit ihrem Geschmeide“ (Jes. 61,10). Dann wirst auch du einer jener Glücklichen sein, dessen „Sünde zugedeckt ist“, dem die „Ungerechtigkeit nicht zugerechnet wird“, wie David es im 32. Psalm ausdrückt.

Du wirst das Anliegen dieses Buches nicht verstehen können, wenn du Gott nicht kennst. Vielleicht hast du das Buch gelesen und dabei gedacht: „Was für eine verrückte Sammlung von altmodischen Ideen vertritt dieses zurückgebliebene Weib!“

Ich kann dich verstehen, denn solange du kein Kind

Gottes bist, solange du nicht den aufrichtigen Wunsch hast ihm zu gefallen, wirst du keine Notwendigkeit darin sehen, andere durch deine Kleidung vor Versuchungen zu bewahren. Du wirst dich in deiner Rolle als Frau vielleicht auch gar nicht wohlfühlen und schon gar nicht danach streben an deiner Kleidung als jemand erkannt zu werden, der zur „Mannschaft Christi" gehört.

Doch das alles wird sich einstellen, wenn du erkennst, dass du in Gottes Augen ein Sünder bist, unfähig, die Sünde durch eigenes Bemühen zuzudecken. Dann wirst du das Kleid der Gerechtigkeit gerne annehmen, das Gott durch den Tod Jesu Christi vorbereitet hat, um deine Sünde zu bedecken. Das Anziehen dieses Kleides, die Annahme des Heils ist so real wie das Anziehen eines Mantels.

Durch das Vertrauen auf Jesus wirst du ein Kind Gottes. Da Gott dich liebt, möchte er dich glücklich machen. Seine Maßstäbe für deine Kleidung dienen dazu, dich zu schützen und dir Freude zu bereiten, nicht dich unglücklich zu machen. Wenn du seinen Anweisungen folgst, wirst du nicht etwa ein seelenloser, grauer Zombie, sondern ein freudestrahlender Christ werden.

Doch jeder Freude geht Gehorsam voraus: „Wenn ihr dies wisset, glückselig seid ihr, wenn ihr es tut" (Joh. 13,17).

In welcher Kleidung wirst du einst vor Gott erscheinen? Ist es das wunderschöne Kleid der Gerechtigkeit Christi? Oder trägst du noch die Feigenblätter der Selbstgerechtigkeit? Eines Tages stellt auch er dir dann die Frage: „Wo ist dein hochzeitliches Kleid?" – Bist du bereit für diesen Tag?

Kapitel 12
Was macht dich wirklich schön?

Nehmen wir an, ich könnte dir drei Wünsche erfüllen und du dürftest dir Veränderungen an deinem Aussehen wünschen. Ohne nachzudenken wüsstest du sofort, was anders werden soll. Du weißt genau darum Bescheid, was dir an deinem Körper nicht gefällt.

Ein Psychologe berichtet ein interessantes Ergebnis von Untersuchungen an Teenager-Gruppen: Das Mädchen, das von ihren Klassenkameraden als das allerschönste angesehen wird, hat immer eine lange Liste von Dingen, die ihr an ihr selbst nicht gefallen. Warum? Weil keine Frau mit ihrem eigenen Aussehen wirklich zufrieden ist.

Und das wird noch schlimmer, wenn wir älter werden und unsere Körper sich nach und nach verbrauchen. Als unsere Tochter Margaret 13 war, sagte sie ganz ernst zu mir: „Mama, ich möchte dich nicht irgendwie verletzen, aber hast du nicht diese Werbung für die Creme gegen Falten gesehen? Meinst du nicht, dass sie dir helfen könnte?"

Wenn die Jahre vergehen, kämpfen wir gegen die Krähenfüße um unsere Augen, das Fettpolster unterm Kinn, die Altersfalten auf der Stirn und die grauen Haare, die sich langsam aber sicher ihren Weg durch unsere sorgfältig frisierten Haare bahnen. Unser Körper wird alt. Er ist dazu verdammt, in einem Grab zu versinken. Wir beklagen den Verlust der jugendlichen Schönheit und hoffen, durch magische Kosmetik und sorgfältig gewählte Kleidung die Spuren der Zeit verwischen zu können.

Wie kann man sich dann aber erklären, dass Sara mit 90 Jahren so attraktiv war, dass Abraham fürchtete, der König Abimelech könnte sich in sie verlieben (vgl. 1. Mose 20)? Ich kann verstehen, dass Abraham Sara schön fand. Er hatte sie lieb und sie bedeutete ihm viel. Doch wieso sollte Abimelech eine 90-jährige Frau schön finden? – Doch er fand sie schön. Wie Abraham befürchtet hatte, begehrte er sie und ließ sie in seinen Harem kommen. Gott musste durch ein Wunder verhindern, dass die arme, gehorsame (vgl. 1. Petr. 3,6) Sara von Abimelech geschändet wurde.

Was machte Sara so attraktiv? Es war wahrscheinlich nicht nur die Tatsache, dass die Menschen damals länger lebten als heute. Als Gott Abraham sagte, dass Sara einen Sohn gebären sollte, erinnerte Abraham ihn daran, dass sie bereits die Wechseljahre überschritten hatte (vgl. 1. Mose 17,17).

1. Petrus 3 verrät uns das Geheimnis ihrer Schönheit: „Gleicherweise ihr Frauen, seid euren eigenen Männern unterwürfig, auf dass, wenn auch etliche dem Worte nicht gehorchen, sie durch den Wandel der Weiber ohne Wort mögen gewonnen werden, indem sie euren in Furcht keuschen Wandel angeschaut haben; deren Schmuck nicht der auswendige sei durch Flechten der Haare und Umhängen von Gold oder Anziehen von Kleidern, sondern der verborgene Mensch des Herzens in dem unverweslichen Schmuck des sanften und stillen Geistes, welcher vor Gott sehr köstlich ist. Denn also schmückten sich auch einst die heiligen Frauen, die ihre Hoffnung auf Gott setzten, indem sie ihren eigenen Männern unterwürfig waren: wie Sara dem Abraham gehorchte und ihn Herr nannte, deren Kinder ihr geworden seid, wenn ihr Gutes tut und keinerlei Schrecken fürchtet."

Wir erfahren hier, dass eine Frau nicht durch eine launische Frisur, nicht durch kunstvolle Kleidung und auch nicht durch teure Ketten schön gemacht werden kann. Ihr Schmuck sollte „der verborgene Mensch des Herzens" sein „in dem unverweslichen Schmuck des sanften und stillen Geistes, welcher vor Gott sehr köstlich ist".

Ein sanfter, angenehmer, stiller Geist ist ein besserer Schmuck als die schönsten Kleider und Juwelen. Als besonderes Beispiel führt der Herr hier Sara an, die „dem Abraham gehorchte und ihn Herr nannte". Saras wunderbare Ausstrahlung kam aus ihrer inneren Ruhe und trotzte dem Verschleiß durch Zeit, Wind und Hitze.

1. Timotheus 2,9-10 sagt: „Desgleichen auch, dass die Frauen in bescheidenem Äußeren mit Schamhaftigkeit und Sittsamkeit sich schmücken, nicht mit Haarflechten und Gold oder Perlen oder kostbarer Kleidung, sondern was Frauen geziemt, die sich zur Gottesfurcht bekennen, durch gute Werke."

Gute Werke – im fröhlichen Dienst – sind der schönste Schmuck einer Frau. Eine Frau kann sich selbst nicht schöner machen, indem sie etwas Schönes um ihren Körper hängt! Nur ihre Taten und ihr Geist sind die Schmuckstücke, die sie wirklich schön machen können. Alles, was sie tut, sollte von Freundlichkeit durchdrungen sein.

Die „tüchtige Hausfrau" in Sprüche 31 trug schöne Kleidung, doch das machte sie nicht schön. „Die Anmut ist Trug, und die Schönheit Eitelkeit; eine Frau, die den HERRN fürchtet, sie wird gepriesen werden. Gebt ihr von der Frucht ihrer Hände; und in den Toren mögen ihre Werke sie preisen!" (Spr. 31,30-31). – Wir haben keine Ahnung, ob diese Frau äußerlich schön war oder nicht, das hat 3000 Jahre später ohnehin keine Bedeutung. Aber ihr fröhlicher, treuer Dienst ist für ewig im Wort Gottes niedergeschrieben! Er ziert sie über ihren Tod hinaus.

Diese von innen her kommende Schönheit können wir uns nicht irgendwie „erarbeiten". Vor dem Spiegel stehen und ein „millionenschweres Lächeln" einzuüben wird uns nicht helfen. Diese wahre Schönheit bekommen wir, wenn wir die einzig wahre Schönheit anschauen – die Schönheit Gottes.

Mose stieg hinauf auf den Berg Sinai und redete dort

mit Gott „von Angesicht zu Angesicht". Es gab viele Propheten nach ihm, aber keinen mehr wie ihn, sagt 5. Mose 34,10, der den Herrn „von Angesicht zu Angesicht" kannte. Als Mose vom Berg herabkam, wusste er nicht, dass sein Gesicht so sehr strahlte, dass keiner sich mit ihm unterhalten konnte. Die Gemeinschaft mit Gott legte einen solchen Glanz auf sein Gesicht, dass er es verhüllen musste, wenn er mit anderen redete (vgl. 2. Mose 34,29.30.33).

Und genauso soll es mit uns sein: „Wir alle aber, mit aufgedecktem Angesicht die Herrlichkeit des Herrn anschauend, werden verwandelt nach demselben Bilde von Herrlichkeit zu Herrlichkeit, als durch den Herrn, den Geist" (2. Kor. 3,18).

Was sind schon schiefe Zähne, von Akne verunstaltete Haut, von Arthritis geschwollene Hände? Wenn du wirklich schön sein willst, schaue in das Angesicht des Herrn Jesus Christus, dann reflektiere seine Liebe und sein Mitleid in diese Welt hinein, die dem Tod geweiht ist, wenn sie nicht ihn – in uns – erkennt!

Nachwort
(20 Jahre nach der ersten Auflage)
Was Gott mehr als alles andere möchte

Der lebensmüde Mann saß alleine in einem Restaurant und sehnte sich nach irgend etwas. Er war ein erfolgreicher Geschäftsmann gewesen, dennoch sah er keinen rechten Sinn in seinem Leben. In den 70er Jahren saß er im Knast, weil er mit den anderen Studenten gegen den Vietnam-Krieg protestiert hatte. Nun schien ihm selbst das nicht mehr bedeutend zu sein, angesichts der wirklich schrecklichen Dinge, die sich in der Welt zutrugen.

Dann hörte er zwei junge Stimmen, die hinter ihm in eine angeregte Unterhaltung verwickelt waren. Zwei Schülerinnen unterhielten sich – er traute seinen Ohren nicht – darüber, ob es für eine Frau Sünde sei, Hosen zu tragen. Er runzelte die Stirn und schüttelte seinen Kopf.

„Ich kann mir nicht vorstellen, dass das so wichtig ist", sagte eines der Mädchen ärgerlich. „Ich halte mich an die Kleiderordnung der Universität, weil ich mich dazu verpflichtet habe. Aber ich kenne viele, sehr viele Christinnen, die immer Hosen tragen und ich bin mir sicher, dass sie keine Schuldgefühle dabei haben."

Das andere Mädchen antwortete: „Aber es ist Sünde für Mädchen Hosen zu tragen und es macht Gott zornig."

„Hosen?", dachte der Mann. „Eine Frau in Hosen macht Gott zornig? Während die Welt im Elend versinkt, macht Gott sich Sorgen über Frauen in Hosen?"

Der Mann stand auf, brachte sein Tablett weg und wunderte sich immer noch über das Gehörte. Hier stand eine Welt davor sich selbst auszulöschen, und zwei scheinbar intelligente College-Studentinnen streiten sich über so etwas unwichtiges wie Frauenkleidung!

Kurz darauf – durch Gottes Gnade – kam dieser Mann in Kontakt mit einem unserer Gemeindeleiter und lernte bald Christus als seinen Erlöser kennen.

Wenn Christen sich zu irgendeiner Zeit auf wichtige Dinge konzentrieren müssen, dann ist es unsere Zeit! Und was sind wirklich wichtige Dinge? Was bekümmert unseren himmlischen Vater am Meisten? Die ewigen Seelen seiner Schöpfung! Er möchte nicht, dass sie zur Hölle fahren und sehnt sich danach, sie mit sich zu versöhnen. Darum ist es von besonderer Wichtigkeit für uns, ein wirklich geheiligtes Leben zu führen, durch das wir das Evangelium für die Verlorenen attraktiv machen können!

Nun sind zwanzig Jahre vergangen, seit ich dieses Buch geschrieben habe. Ist es immer noch aktuell?

Es mag sein, dass jemand sich fragt, ob die Hose immer noch als das „Privileg der Männer" bezeichnet werden kann. Die meisten Frauen der westlichen Welt sind in Hosen aufgewachsen, viele trugen noch nie einen Rock und besitzen kein Kleid. Es ist daher verständlich, wenn jemand über diesen Punkt streiten will. Und doch sollten wir bedenken, dass selbst in unserer heutigen Kultur auf internationalen Schildern die Frau auf dem WC-Schild einen Rock und der Mann eine Hose trägt, eben weil dies das eindeutigste Unterscheidungsmerkmal zwischen den Geschlechtern ist.

Seit dieses Buch geschrieben wurde, haben wir aber auch andere Kulturwandlungen erlebt, beispielsweise eine zum Himmel schreiende Banalisierung der Nacktheit, sowohl in den Medien als auch im privaten Leben. Dennoch denke ich, dass jede gottesfürchtige Frau mir zustimmen wird, dass – trotz des aktuellen kulturellen Verständnisses unserer Gesellschaft – diese Nacktheit falsch ist und die Hinweise in diesem Buch nach wie vor gültig sind.

Die Unterschiede zwischen den Geschlechtern werden heute noch mehr verwischt als vor zwanzig Jahren. Der Anspruch der Transvestiten, Homosexuellen und Lesben in der Gesellschaft anerkannt und auch noch privilegiert zu werden, macht es heutzutage sogar noch notwendiger, die Betonung darauf zu legen, dass Gott einen klaren Plan für die beiden Geschlechter hat. Diesen Plan Gottes können wir durch unser Äußeres proklamieren.

Doch ich sage ganz ehrlich, dass ich diese beiden Kapitel über die weibliche und die keusche Kleidung mit großem Zittern geschrieben habe.

Erstens, weil ich eine falsche, gesetzliche Haltung befürchte. Ich meine damit, dass jemand glauben könnte, er könne den Wohlgefallen Gottes erlangen, indem er sich strikt an eine Liste von Ge- und Verboten halte, die von sich aus noch keine wahre Gottesfurcht erzeugen. Ich glaube, dass die Gnade Gottes, mit der er uns reichlich überschütten will, uns Geborgenheit und Freude gibt und uns befähigt, das Richtige zu tun und richtige Entscheidungen zu treffen. „Freigemacht aber von der Sünde, seid ihr Sklaven der Gerechtigkeit geworden" (Röm. 6,18).

Zweitens, weil ich immer wieder beobachtet habe, dass Frauen, die diese Wahrheiten akzeptierten, einen kritischen Geist gegenüber denen entwickelten, die diese Wahrheiten außer Acht lassen. Manche Gemeinde wurde schon gespalten, weil Frauen aneinander rumnörgelten und sich gegenseitig Vorschriften machten, welche Kleidung die richtige sei. Das Werk Gottes hat schon manches Mal darunter gelitten, dass Frauen meinten, sie würden Gott durch ihre Streitsüchtigkeit gefallen. Doch wenn man durch Kleidungsfragen Uneinigkeit unter Gläubigen bewirkt, arbeitet man am Ziel vorbei.

Eine Pastorenfrau sagte mir einmal: „Gestern war doch tatsächlich ein Mädchen so dreist, im Minirock zum Gottesdienst zu kommen. Sie setzte sich auch noch in die erste Reihe, wo mein Mann sie sehen und verführt werden könnte. Ich habe sie mit so giftigen Blicken bearbeitet, dass sie bestimmt nicht noch einmal hereinkommt!"

Ich musste weinen, als ich das hörte! Das arme Mädchen brauchte geistliche Hilfe. Sie sammelte den letzten Mut, um in eine Kirche zu kommen und musste dann den peinlichen Gang bis zur ersten Reihe machen, weil in der Gemeinde die Bänke (leider) von hinten her besetzt werden. Nur auf diese Weise konnte sie das kostbare Evangelium hören. – Und was begegnete ihr, als sie da vorne ankam? Keine liebevolle Fürsorge um sie als Person. Kein Willkommensgruß für ihr hungriges Herz, das sich nach Gottes Gnade sehnte. Nein, alles, was sie dort empfing, waren die bösen Blicke einer Pastorenfrau, die sie absichtlich (vielleicht für immer) aus der Kirche verscheuchten. Was für eine fürchterliche Verhöhnung der Gnade Gottes!

Das eigentliche Ziel dieses Buches ist doch, dass wir eben nicht auf das Äußere, sondern auf das Innere unserer Mitmenschen Rücksicht nehmen. Schau nicht auf die Kleider oder auf deren Mängel. Lass dich nicht durch Make-up oder irritierende Manieren befremden. Schau der Person ins Gesicht und schau in das hungrige Herz. Schau auf die große Not und bitte Gott um Abhilfe.

Wie soll dieses Mädchen die Liebe Christi erfahren, wenn sie in der Kirche eine solche Abfuhr bekommt? Wie soll sie ihren Lebensstil ändern, bevor sie dabei sein und das Evangelium hören kann? Ich bin mir sicher, dass die bittere Gehässigkeit dieser christlichen Frau das Herz Gottes mehr gebrochen hat als der Minirock des Mädchens.

Wir müssen den Sündern das Evangelium bringen so, wie sie sind, nicht so, wie wir sie uns wünschen. Wir können und sollen das „vom Fleisch befleckte Gewand" hassen und dennoch Mitleid mit dem Menschen darin haben und ihn der Hölle entreißen (vgl. Jud. 22-23).

Die Maßstäbe für unsere Kleidung sind nur ein kleiner Teil unserer Berufung auf Erden: So zu leben, dass Menschen zu Christus hingezogen werden.

„Wandelt in Weisheit gegen die, welche draußen sind, die gelegene Zeit auskaufend. Euer Wort sei allezeit in Gnade, mit Salz gewürzt, um zu wissen, wie ihr jedem einzelnen antworten sollt" (Kol. 4,5-6).

Mögen wir unsere Augen nicht auf vergängliche Dinge richten, sondern auf den „Reichtum der Herrlichkeit Christi". Alles, was du siehst – Häuser, Länder, auch die Kleider – ist vergänglich. Die wichtigen, ewigen Dinge sind unsichtbar.

O Herr, lass uns lernen, uns um Dinge zu kümmern, die Dir wichtig sind: ewige Seelen, für die Christus gestorben ist!

Unterordnung – Einschränkung oder Privileg?

Elizabeth Rice Handford

Gottes Weg zum Glück und Segen für die Familie führt über die Unterordnung der Ehefrau unter ihren Mann. Wenn eine Frau erkennt, welche Verantwortung in der Unterordnung steckt und diese Verantwortung wahrnimmt, bringt ihr der Plan Gottes Privilegien, Segnungen und Freuden, die sie auf keinem anderen Weg bekommen kann.

Elizabeth Handford erzählt sowohl aus ihrem eigenen Leben, als auch aus dem Leben der vielen Frauen mit denen sie persönlich zu tun hatte. Das macht dieses Buch sehr lebendig und praktisch. Die Autorin macht keine Abstriche von der biblischen Wahrheit, sondern zeigt den reichen Segen, den der Gehorsam gegenüber Gottes Ordnung mit sich bringt.

Dieser Segen gilt nicht nur der Frau, sondern ihrer ganzen Familie und ebnet selbst einem ungläubigen Ehemann den Weg zum Herrn Jesus Christus.

Tb., 144 Seiten
Best.-Nr.: 30828

Lehrerin des Guten

Martha Peace

»[Du aber rede] ... dass sich die alten Frauen gleicherweise so verhalten sollen, wie es Heiligen geziemt, dass sie nicht verleumderisch sein sollen, nicht vielem Weingenuss ergeben, sondern Lehrerinnen des Guten, damit sie die jungen Frauen dazu anleiten, ihre Männer und ihre Kinder zu lieben, besonnen zu sein, keusch, häuslich, gütig, und sich ihren Männern unterzuordnen, damit das Wort Gottes nicht verlästert wird.«
Titus 2,3–5 (Schlachter-Übersetzung)

Dieser (oft sehr vernachlässigte) Abschnitt der Heiligen Schrift bildet die biblische Grundlage für dieses Buch.
Martha Peace stellt den gläubigen Frauen eine Hilfe zur Verfügung, zunächst den eigenen Charakter von Gott formen zu lassen und dann auch die Verantwortung für den Dienst an anderen (jüngeren) Frauen wahrzunehmen.

Pb., 160 Seiten
Best.-Nr.: 30829

Wie gewinne ich Menschen für Christus?

J. Oswald Sanders

Dieses Buch wurde von einem Mann geschrieben, der nicht allein die Theorie des Seelengewinnens kannte, sondern diese auch in der Praxis verwirklichte. Heutzutage gibt es nur wenige, die solch ein Wissen um das »Wie« mit Leidenschaft in die Tat umsetzen. Es gibt viele Christen, die noch nie eine Seele für Christus gewonnen haben. Sie wissen nicht, welche Freude ihnen entgeht!

Tb., 112 Seiten
Best.-Nr.: 30857

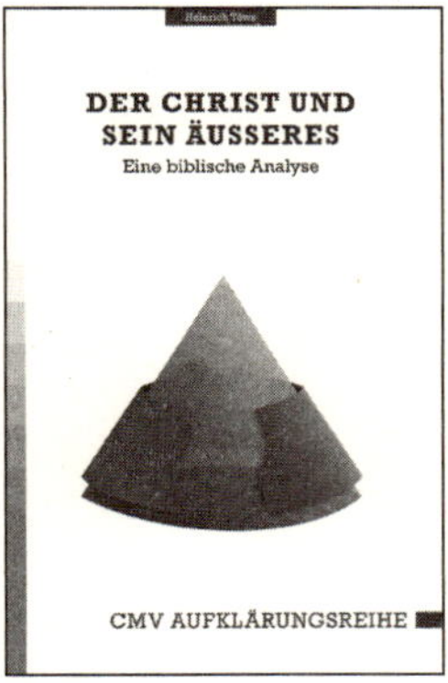

Der Christ und sein Äußeres

Heinrich Töws

Die Frage nach gültigen, biblischen Maßstäben für das Äußere eines Christen hat leider schon manche Uneinigkeit, manchen Streit und manche Trennung unter Christen hervorgebracht. Aus diesem Grund wird sie in vielen Gemeinden gar nicht mehr zur Sprache gebracht. Man betrachtet sie als untergeordnet, um die Harmonie und Einigkeit unter Christen nicht zu gefährden. Dabei gerät man jedoch leicht in das andere Extrem und erklärt jede bestehende Meinung diesbezüglich für richtig. Die Liebe zueinander wird dann so verstanden, dass man in Bezug auf das Äußere einander gar nichts mehr sagen darf. Leider bleibt dabei die Liebe zum Wort Gottes nicht selten auf der Strecke. Dieses Buch will nun die so häufig vernachlässigten Aussagen der Bibel, die unser Äußeres betreffen, wieder ansprechen und geht dabei auch auf die Liebe und den Umgang mit Andersdenkenden ein.
Pb., 176 Seiten
Best.-Nr.: 701.504